日本人の利益獲得方法

田中健滋
Tanaka Kenji

新曜社

はじめに

私の専門は精神医学だが、10年ほど前からある理工系大学で、精神医学者・土居健郎氏（故人）の著書『「甘え」の構造』、『続「甘え」の構造』などを教材にゼミをしている。この著書は日本人のあり方について多くの示唆を与え、「甘えの構造」は一般用語にもなるほど影響力を持った。

しかし理系の学生なので、このような文系の内容には容易にはわからない部分や、理系の視点から見ると論理的でない、はたして科学的な議論なのか、といぶかしく思われる部分もみられた。そして、学生たちと議論を重ねながら、もっとわかりやすい説明を考えるうちに、より一般的な新しい見方をすると良いのではないか、と考えるようになった。

それが本書で紹介する、能動的利益獲得（能利）と受動的利益獲得（受利）という、二つの最も基本的かつ対極的な個人の利益を獲得する方法、という視点である。

どういうことか先に簡単に述べてしまうと、能動的利益獲得とは、各個人が利益を能動的に自ら獲りに行くことで利益を獲得する方法のことである。

そして、受動的利益獲得とは、各個人が利益を、能動的に自ら獲りに行くことなく、受動的に他者から与えられることで利益を獲得する方法のことである。

そしてわれわれは日々、この二つの利益獲得方法をある比率で混ぜ合わせて用いていながら、あまりそのことに気づいていないのではないかと思われる。

たとえば日常生活で、遠慮する、何度も断ったのになおも強くすすめられたので「仕方なく」いただく、などというのは、より受動的利益獲得に沿うかたちでの利益獲得の方法である。出しゃばらず控え目にすることで評価される、周りからどうしてもと推されたので「断りきれず」役職に就く、などというのも、受動的利益獲得に沿うかたちの利益（地位）獲得方法である。土居氏が述べた「甘え」は、受動的利益獲得のしかたに深く関わっていると考えるとわかりやすいと思う。

もっと社会的な側面についていえば、国は税金を徴収してそれをいろいろなかたちで国民に再分配している。そのうち所得税の累進課税率を上げることは、受動的に再分配を受ける分を増やすことになり、社会の受動的利益獲得の比率を上げることになる。逆に、累進課税率を下げると能動的に利益獲得する分が増えて、受動的に利益獲得する分が減り、社会の能動的利益獲得の比率が上がることになる。

近年では、特に２００８年のリーマン・ショックまで、アメリカを中心に新自由主義が唱えられ、そしてこれを世界に広げたグローバル資本主義が世界を席巻した。

これは市場原理主義にもとづき、各種規制や富の再分配を極限まで減らし、民間の自由な経済活動や市場での自由競争によって富を拡大させよう、とするものだった。大幅な減税によって企業や資産家などがさらに富裕化することを認め、その投資や消費に期待しようとしたのである。そしてその規範とする人間観は、「利己的かつ合理的に行動して自己利益の極大化を図り、自己責任も受け入れる」というものだった。つまりこれは、能動的利益獲得に沿う極限形のひとつといえるだろう。

このように見ていくと、個人にも社会にも適用できるこの二つの利益獲得方法の考えは、結構基本的で応用範囲も広い概念のように思われる。

これから本書で詳しく説明してゆくが、この概念によって、特に現在の日本社会における諸問題、たとえば構造改革やグローバル化の問題、格差、社会規範の揺らぎ、教育・地域社会の後退、「甘え」と「自立」、さらには2011年3月11日に起きた東日本大震災がもたらした影響などについて、広く検討するための良い視点を得ることができると思う。

こういう幅広い応用性があるので、この二つの利益獲得方法は人間の基本的な行動原理、といっても良いのではないかと思っている。

私の調べた限りでは、このような基本的な個人の行動原理――二つの対極的な利益獲得方法――について述べている著述が見あたらない。そこで本書を著し、読者諸氏のご批判を仰ぎたいと考えたわけである。

目次

装幀＝臼井新太郎
装画＝ヤギワタル

第1章　能動的利益獲得と受動的利益獲得

1　利益獲得の二つの基本形

人は利益（物質的、精神的）を獲得しなくては生きていくことができない。そして、その利益獲得方法には、「はじめに」で簡単に触れたように、次の二つの基本形が考えられる。

1　能動的利益獲得

これは「自分が必要とする、あるいは欲する利益を、自ら能動的に獲りに行くことによって利益を獲得する方法」である。

2　受動的利益獲得

能動的利益獲得とは対極的な利益獲得方法で、「自分が必要とする、あるいは欲する利益を、自ら能動的に獲りに行くことなく、他者から与えられることで利益を獲得する方法」である。

繰り返しになるが、利益獲得なしには生存できないので、人は誰でもこの対極的な利益獲得方式のどちらか、あるいは両者の組み合わせによって利益獲得することになる。

能動的利益獲得についてもう少し詳しく説明すると、これは「利益を自ら能動的に獲りに行くことによる利益獲得」であるから、自分の自由意志によって、その言語的アッピールや知力、腕力等々の能力を発揮し、「利益獲得に向けた何らかの能動的働きかけを行った」結果として利益獲得する方法である。

極端にいえば能動的利益獲得は、「奪う」という要素の度合いによってその存在が確認、評価されるといえる。

一方、これと対極の受動的利益獲得は、その人の能動的な意志や能力に依拠せず、その存在、年齢、性、出身などの属性のゆえに、あるいは他者との関係性のゆえに、他者の自由意志によって受動的に利益供与されるかたちで利益獲得する方法である。

そこで受動的利益獲得は、「他者の自由意志によって与えられる」要素の度合いによって、その存在が確認され、評価されることになる。

ところで、この能動的利益獲得、受動的利益獲得という言葉は、いかにも長い。そこで、以下、それぞれ「能利」、「受利」と略すことにする（以下括弧外す）。

（1）受利と「甘え」・「依存」

受利の具体例を考えてみよう。たとえば、出生直後の無力な赤ん坊は、受動的に利益獲得するしかない。

泣き喚いても自ら利益（ミルク、清潔など）を獲得することはできず、他者、つまり母親など、養育者から利益供与されることでしか利益獲得できないのである。これは主として、その存在、年齢などによって利益獲得する場合に相当する（この段階で泣き喚くことは、生理本能的な反応に過ぎず、まだ利益獲得に向けての「自由意志およびその言語的アッピール」にはならないと思われる）。

そしてこのような受利を前提とする心性や姿勢が、土居健郎氏のいう「甘え」といえるのである。土居氏は『「甘え」の構造』を著した際に「何と」（これは理系からの率直な感想である）「甘え」を定義しなかったため、多くの議論を巻き起こしてしまったようである。しかし本書の立場からは、「甘え」とは他者からの利益供与をあてにしている状態と思われるから、「受利を前提にする心性ないし姿勢である」と定義することができる（詳しくは後述する）。

また、受利では他者による利益供与によって生きていくのだから、これを「依存」状態と見ても良いだろう。

ただしここで「依存」とカギ括弧を付けているのは、依存は赤ん坊のように本当に無力で自ら利益獲得できない場合だけに限られないからである。すなわち、成人であっても多くの日本人のように、自ら能動的に利益獲得できるのにもかかわらず周囲、社会との調和などのために、あえて他者からの利益供与に依存して利益獲得する、という場合もあるためである。

たとえば、夫の上司や同僚、そして部下に対してさえも、日本人の妻の多くがする挨拶は、「主人がいつもお世話になりまして……今後とも、どうぞよろしく」である。たとえどんなに頼りない上司や同僚、部下であっても、相手依存の披瀝、すなわち「相手に対する甘えの心情を、はっきり言葉で表現することが」「よくできた妻」としての条件なのである（直塚玲子『欧米人が沈黙するとき』）。ここで、たとえば何事も独立で成就できるなどと述べてしまうと、「〝持ちつ持たれつ〟の相互依存で成立している」大人の世界を知らない、世間知らずの非常識な妻と言われるのが落ちである。一方、欧米人の間でこのような挨拶をしてしまうと、〝周囲に依存しなければ生きていけない無能者〟と夫を侮辱する、とんでもない出しゃばり妻と見られてしまうとのことである。

（2）能利と「自立」

これとはまったく逆の例であるが、アメリカなどの競争社会では、特に成人は、「自立」していること、つまり他人に依存することなく必要な利益は自らの力で獲得できることが、人間として当然の前提と考えられている。

「自立」には、精神的自立、経済的自立など、いろいろな意味がある。いずれにせよ最も基本的には、他人に依存せずに、必要な、あるいは欲する利益（物質的、精神的）を自らの手で獲得できること、つまり能利ができていることを意味するのである。能利ができていることイコール「自立」であり、これは「人間（アメリカ人）」としての前提なのである。

たとえばアメリカの若者の意識調査（千石保＆デビッツ・R『日本の若者・アメリカの若者』）によると、彼らのヒーローはアメリカンドリームを実現した者である。それはすなわち、より多くの金銭を得、高い地位を得ることである。自分で稼いだお金があれば自分で好きなことができるし「自立」できるということから、お金の価値が最も高く評価されるようになる。

「自立」、そしてそのためのお金に対するアメリカの若者の執着は、日本の若者の想像を超えている。

親からもらった金でなく、自分で稼いだお金ではじめて自由なことができるから、アメリカの若者は、どんな裕福な家庭の子供でも、自分がやりたいことのためには親にお金をもらうことなく、小さな頃からお手伝いをしてはお金を稼ぎ、あらゆるバイトをして自分で稼ぐ。子供の頃から「自分で働いてお金を得たら、何に使っても勝手だ」と言われ続け、自ら稼ぐことが奨励されているのである。

アメリカ人がよくいう“make it”とは「お金をたくさんもうける」という意味で、それを目指して早くから競争することの重要性を、アメリカの若者は十分理解している。

ここには、受利、つまり他者に「依存」するなどという考えが入り込む隙はまったくない。能利が当たり前、という意識に微塵の疑いもないのである。

（3）養育の違い

もちろん、アメリカ人でも赤ちゃんは受利としての存在である。しかし乳児期の早期（母親を認識する生後6ヶ月以降）から、早々と日本におけるような「甘え」は許されなくなる。

アメリカは、故国での迫害を逃れて移住してきたピューリタンによって建国されたので、伝統的に、人は生まれつき原罪を背負う罪深い存在であり、乳幼児期から厳しく躾けなければならないと考えられてきた。赤ん坊を抱いたり遊んだりして甘やかしてはならず、授乳は決まった時間だけにし、他の時間に欲しがったりした場合には厳しく罰したりしたのだった。

その精神は、1970年代のスポック博士の育児革命を経た現在であっても、なお生きている。スポック博士は、「赤ん坊を楽しみましょう」と述べ、赤ん坊を抱いて遊ぶこと、悪戯は邪心ではなく好奇心の現れと見るべきこと、そして授乳時間の自由化などを提唱した。しかしそれでもなお、赤ん坊の欲しがることを何でも与えると甘やかしてしまうので、たとえば、いったん寝かしつけた後の夜泣きは無視、むずかったり吐いたりしても無視、あらゆる場面で赤ん坊の欲望（「甘え」）に屈してはいけないと、厳しい対処をすすめている。成育の各場面で早々と「甘え」＝「依存」は禁止されてしまう。そしてそれとは逆方向の「自立」、すなわち能利で生きていけるように、たとえば小さな頃から必要な金はお手伝いをしてでも自ら稼ぎ出すよう、トレーニングが開始されるのである（恒吉僚子『人間形成の日米比較』）。

アメリカ社会は能利を強く肯定している社会なので、それに適応できるよう早々と受利を否定し、その逆である能利で躾けられ始めるのである。

一方、日本人はまったくの逆である。

赤ん坊は無垢な存在で、いつでも授乳し、夜泣きは直ちに抱っこしてあやしつけられる。赤ん坊の状態はああでもないこうでもないと母親により注視され、ありとあらゆる心配をされ、一刻も早い対応や世話がなされるのである（恒吉僚子、前掲書）。

詳しくは後述するが、日本では、赤ん坊時代だけでなく、幼少期も「甘え」を認められ、そして成人してもなお、多くの場面において受利で生きていける社会に住んでいる。

たとえば、日本では親が学費と生活費を出して大学へ進学する、というのは普通のことである。しかしアメリカではそれは例外で、自ら奨学金を得ることで進学する。逆にいうと、奨学金が得られない場合は進学を断念する。奨学金が得られるかどうかが進学を決定する、という場合が多いのである。

このようにアメリカでは、親による学生への利益供与は例外的なのに対し、日本ではそれが普通のことと考え、誰もそれを特異なこととは思っていない。そのベースには、受利を普通のことと捉える日本社会のあり方があるように思われる。

なお、各個人の生活、意識において、すべての側面で100パーセント「自立」あるいは「依存」するということはあまりない。ある比率で両側面を持つ、というのが実際であろう。

たとえば、大学入学を機に地方から上京してきた大学生は、高校までの日々と違い、生活は自分ひとりで行い、ほぼ自立している。しかし経済的には親に仕送りや援助を受け依存していたりする。また、経済的には自立しているはずの親の方も、精神的に配偶者や子供に依存しているところがあったりする。

こうした「自立」と「依存」(「甘え」)の混合度合いにより、各人について、各場面で、あるいは全体的に、能利比率が高い、あるいは受利比率が高い、と評価すべきことと思われる。

こうした受利、能利のあり方を、次節では社会的制度的側面からも見ていきたい。

2　社会制度面での能利と受利

(1) 成果主義、年棒制、「職務給」、所得再分配の低さは能利的

社会制度的側面では、日本でも近年何かと話題となっている、経済構造改革、グローバル化に伴う成果主義や年俸制導入の問題がある。

成果主義、年俸制とは、個人の能力、成果に応じて高収入、高地位を与え、逆に成果を上げられない場合は減俸、降格するというものである。したがってこれは、他者から利益を供与してもらう部分を減らし、能動的に利益を獲得する側面を強めるという、能利の性格の強い制度といえる。

また、採用年次ではなく役割、ポストで報酬を決めるという「職務給」も、成果主義や年俸制と関連性を持ち、能利の性格が強い賃金制度である。

さらに、日本でも1990年代から進められた所得税の累進課税率や相続税の低減化がある。

これらは、自分で利益を獲得するという能利側面を強化し、税による所得の再分配、つまり貧しい者の受利部分を減らすというものであるから、能利比率を高める政策といえる。

そしてこれらの手本となったのが、米英に始まる近年の新自由主義であった。

すなわち、1980年代イギリスのサッチャー政権やアメリカのレーガン政権は、それまでの完全雇用を目指す総需要管理政策（ケインズ主義政策）による財政赤字や官僚主義的不能率を改善しようと、減税、規制緩和、民営化を軸とする小さな政府を目指したのだった。

その基礎には、各種規制、社会福祉保障、所得の再分配を減らし、民間の自由な経済活動や市場での自由競争によって富を拡大させ、それを社会全体に行き渡らせようとする市場原理主義の考えがあった。大幅な減税によって企業や資産家などがさらに富裕化することを認め、その投資や消費によって社会的に富が再分配されるだろうという考えである。

そして日本においても、1980年代の臨時行政調査会による行政改革以来、この新自由主義的政策が少しずつではあるが進められた。そして2001年からの小泉政権において、各種規制緩和、法人税・所得税減税、社会保障費抑制、郵政民営化などにより、新自由主義的政策の進展を見たのだった。

しかしこの新自由主義は、富の再分配よりも富の集中や世襲化により、貧富の差の拡大と固定化、すなわち大きな格差を生む結果となった。

たとえばアメリカでは、1パーセントの勝者が富の99パーセントを自分のものとし、その他大勢である99パーセントの敗者が残る1パーセントを分け合う社会ともいわれるようになった（2011年の「ウォールストリートを占拠せよ」デモ）。従来から成果主義、年俸制は当然で年功序列などはなかった上に、所得税、相続税が大幅に引き下げられ、勝者と敗者の格差が大きく現れてきたのである。

つまり、アメリカ社会は、従来から世界の中では受利比率が低く能利比率が高い社会であったのだが、それをさらに極限まで推し進めたのが、近年の新自由主義なのである。

(2) 年功序列、終身雇用、「職能給」、所得再分配の高さは受利的

日本社会における従来的な年功序列、定期昇給、終身雇用制は、受利比率の高い制度である。というのも、年功序列、定期昇給とは、就労年数によって誰もが自動的に序列が上がり、収入も増えるというものであるから、能動的に利益を自ら獲得するという性格は弱い。若くても能力ある社員が、自らの才能、技術と成果によって高い地位を得て多くの利益（報酬）を獲得する、という能利ははたらきにくいのである。あるいは、会社組織の中で若く能力ある社員が獲得した利益を、能力が落ちていても高齢社員に供与する部分が増える。したがって、若い社員はよく能利できず、高齢の社員はより受利することになり、全体的に受利比率が高いシステムということになる。

これがさらに、終身雇用により促進されることになる。

また「職能給」も、能力は経験年数により上がるものと考え、ほとんど採用年次で報酬を決め

られ、その名辞から受ける印象とは逆に受利的性格の強い賃金制度である。

さらに、高率の所得税の累進課税や相続税がある。

これは自ら利益を獲得するという能利側面を弱め、税による所得の再分配、つまり貧しい者の受利側面を増やすものであるから、全体的に受利比率の高くなる税制といえる。

そして1990年代までは、日本の所得税の累進課税率の最高税率は75パーセント、相続税最高税率は70パーセントと、世界でも最も税率の高い国だった。

社会制度面における能利、受利の比率を決めるのは、上に記した要素だけではないが、成果主義、年俸制、「職務給」、あるいはこれとは逆の年功序列、定期昇給、「職能給」、終身雇用の導入程度、また所得税の累進課税率や相続税率などを見て、各組織、各社会の能利／受利比率を、ある程度まで想定できるように思われる。

第2章　受利社会・日本、能利社会・アメリカ

社会によって能利／受利の比率はさまざまだが、以下で詳しく述べるように、日本は受利比率が高い社会であった証拠がある。

このような受利比率の高い社会を受利社会と呼びたい。

一方、これと対極的な例がアメリカで、能利比率の高い社会である証拠がある。

このような能利比率の高い社会を能利社会と呼びたい。

以下ではこの両者を対比的に述べ、受利社会、能利社会におけるさまざまな相違を、より具体的に見ていこう。

なお、社会とは本来、西欧におけるような独立、自由な個人が契約により形成する集団を指す言葉であり、この狭義の場合の社会を、本書では特に「社会」と、カギ括弧をつけて記すことにする。

カギ括弧なしの社会は、契約によるものだけでなく、自然発生的なものも含めた集団を指す言葉として用いる。これには世間なども含まれる。

1 自由、機会平等、自立、独立VS協調、結果平等、「依存」そして「タテ社会」

(1) 能利社会における自由、機会平等、自立、独立

能利行動のそもそもの起源は、何かが欲しい、必要だ、という個人の欲望である。したがって能利社会では、個人の欲望が能利の成立要件として最も基礎的で価値のあるもの、神聖視さえされるべきものとなる。「聖なる欲望」化である（森真一『日本はなぜ諍いの多い国になったのか』）。

さらに、この個人の欲望の神聖化を支えているのは、何物にもコントロールされないとする個人の自由意志である。というのも、もし個人の意志が何者かにコントロールされているならば、それを元にした個人の欲望を最も基礎的で価値があるものと見たり、神聖視したりすることはできないからである。

そしてさらに重要なのは、能利、すなわち個人の欲望を自ら満たそうとする個人の自由が、社

会的に肯定されていることだろう。

この自由に対する社会的な肯定とは、自由を自然権、基本的人権として認めることである。それが認められるようになったのは、たかだか近代国家形成以来のことに過ぎない。〔共同体を離れた個の確立、自由、独立（これは能利と表裏）は西欧でも、近代以降であり、それ以前は受利が浸透していたと思われる。たとえば、中世共同体社会での贈与・互酬関係（これは後述するように受利と表裏）や、共同体（集団）がすべての物事の中心であったことなど（阿部謹也『近代化と世間』）〕

さて、こうした自由への社会的肯定の下、能利すなわち個人の欲望の実現のために整備されていなければならないのは、利益獲得の際の機会平等ということだろう。

もしそこに不平等があっては、能利への意欲が削がれてしまい、それは何より社会的に能利が肯定されていない、ということの証になってしまうからである。

そして、能利の結果として、個人の意志や能力による獲得利益の差、すなわち結果不平等ないし格差が生ずることになるだろう。そのとき、高率の所得の累進課税などにより広く再分配が行われ、結果平等の方向へと是正されるならば、それは社会が能利をそう肯定していないということになってしまう。つまり能利を肯定する社会では、格差の発生は必然なのである。

さらに、自由に能利できるとき、その状態は、必要な、あるいは欲する利益を自ら獲得できているのだから、先にも述べたように自立、独立しているということになる。

簡単な説明ではあるが、以上から基本的には、能利社会とは自由、機会平等（これは同時に結果不平等＝格差を生む）、そして自立、独立が成就、あるは目指されている社会と考えられる。

その典型例は、アメリカ社会であろう。

たとえば、20世紀中頃に『菊と刀』を著したベネディクトによると、階層社会である旧世界・欧州からの独立という出自を持つアメリカ人にとって、平等（機会平等）は最高にして最も道徳的な基礎だとのことである。そして、平等によってこそ、自らの欲するところを実現、獲得する自由を得ることができると考えている。彼らは、意図して階層的儀礼に拘泥せず、誰に対しても対等の口をきき、「誰の恩義も受けていないということを好む」。つまり、自由、平等、そして自立、独立を最も尊んでいるのである。

現代においても、たとえば世紀を跨いで世界を席巻した新自由主義においては、レーガノミックスに連なる所得税の累進課税の大幅な低減化が計られた。そしてそこで主張された理念は、「稼いだ者から税を巻き上げ、貧しい者に再分配するのは、自由競争の市場原理を台無しにし、自助努力や自己責任つまり自立の力を低下させる」というものだった。つまり彼らはアメリカ建国時と同様に、依然として、強く自由、平等（機会平等）、そして自立を唱えているのである。

（2）受利社会における協調（「和」）、結果平等、「依存」そして「タテ社会」

一方の受利社会においては、利益は他者により供与されるのであるから、そこで大事なことは、個人の欲望を実現する自由よりは、利益を供与してくれる他者との協調である。これを図らないことには、そもそも生存していく上での利益が得られないのであるから、これが最も重要なこととなる。

また、各人が一方的に利益供与されるだけ、というのでは社会が成り立たないので、お互いが利益を供与し合うという相互利他の関係となる。

これは各人が他者へ「依存」し、社会全体的には「相互依存」の状態にあることを意味する（このカギ括弧付きの「依存」「相互依存」は、先にも述べたとおり、自ら利益獲得できるのにもかかわらず、周囲との調和などのために、あえて他者からの利益供与により利益獲得する場合も含むことを意味している）。

いいかえると、ここで重要視されるのは個人の自由、自立、独立よりは、周囲との協調＝「和」である。そして協調しなければならないことから生ずるであろう不自由ならびに「依存」と「相互依存」、すなわち「非自立」、「非独立」（括弧の意味合いは「依存」「相互依存」の場合と同様）ということになる。

また、なぜ能利を行う能力があっても受利を行うかというと、究極的には結果平等のためと思われる。

というのも、受利すなわち利益獲得が他者からの利益供与による場合、自ら利益獲得するのではないので、そもそも大きな格差は生じにくいだろう。

　さらに、それでも格差が生じた場合は、他者から過大に利益供与されたか、供与された分に応じた他者への利益供与を十分していないため、と推定されることになるだろう。よって、多くを得た人には、得ていない人に利益を供与しなければならない圧力がかかる。もし社会的に目立った格差が残っていると、このメカニズムがはたらいて、結局は結果平等へと収束するのである。

　このようにして、受利社会は結果平等へと向かう性質を持っているのである。

　社会や組織には、その運営のために、物事を決める上層部、その方針の下で実際に動く下層部、上下を繫ぐ中層部といった階層が必要であるが、そういう階層差についてはどうであろうか。

　受利社会においてはここでも、この階層が能利によるのではなく受利で、つまり能動的に上位の階層（利益）を獲得したのではないかたちで形成される。

　たとえば、年齢、入社年次、卒業年次、出身など、個人の実力、能力とはなるべく遠い条件で階層を決めるという方法である。個人の能力によらず、誰もが階層を上ることができるように、能利側面をできるだけ薄めた階層作りを行うのである。

　さらにそこでは、個人の能力を反映した階層の移動や他組織への異動があってはならない。能利的に上位の階層へ上ったり（利益獲得）、逆に下位へ降格されることはない、他組織への異動（利益獲得）もないという、固定的、静的な秩序の組織となる。それは典型的には、年功序列でリストラや転職のない終身雇用制の組織となる。

これはすなわち、社会学者・中根千枝氏が日本社会構造の特徴と指摘した、非実力主義的な序列社会、「タテ社会」だと考えられる（中根千枝『タテ社会の人間関係』）。

中根氏の「タテ社会」論では、日本社会の「単一社会」性から、「資格」の論理に対比される「場」の論理の優位が説かれ、そこから集団成員の情緒的一体感の重視が導かれる（しかし「場」の論理は、上記著書のあとがきにわずかに記されているのみで、あまり明確ではない）。

この情緒的一体感から、日本企業の家族主義、人間関係を判断基準とする非論理性、そして一体感に亀裂を入れないための平等主義、非実力主義的な年功序列、終身雇用制度、他集団との非交流性（「ヨコ」関係の不成立）などが生ずると説明される。

しかし、この論の要となる情緒的一体感（「和」）や「場」の論理（周囲との協調）、さらには平等主義（結果平等）や年功序列、終身雇用制などは、すぐ上で論じたように、受利からの協調＝「和」や「相互依存」によって直接的に導くことができる。

結局、中根氏の「タテ社会」も、基本的には「受動的利益獲得から導かれる社会」と説明することが可能と思われる。

以上をまとめると、受利社会では、協調＝「和」（これは同時に「不自由」を意味する）、結果平等、「相互依存」（これは同時に「非独立」を意味する）そして「タテ社会」が成就、あるいは目指される社会ということになると思われる。

その典型例は、最近までの日本社会であろう。

つまり、日本社会では、「和」＝協調や「相互依存」が重視される一方で、自由がない、自立していないといわれてきた。そして、結果平等の顕れとして「一億総中流社会」「最も成功した社会主義国家」などといわれ、年功序列、終身雇用など「タテ社会」性が強かったのは、周知のことである。

ここで、日常生活の話も付け加えてみたい。

たとえば、日本の宴会では、他者によるお酌により酒宴が始まる。そしてその後も、お互いの酒杯の残量に注意が注がれ、残量が少なくならないうちにお互いにお酌し合うことにより酒宴が営まれる。ここに日本の宴会における得も言われぬ「和」と一体感、我を捨てた酒宴の楽しさが生まれるのである。

ここで手酌するような者が出ると、受利から外れてしまうことになり、場の一体感にヒビが入ることにもなりかねない。そして時には、酒杯が空になっても自ら酒を注ぐことはできず、他者によりお酌されるのを待つしかない、という事態も生ずる。

これらの現象はすべて、受利、そして相互利他の流儀を守らなければならないことから生まれてくると思われる。

日本人の宴会における「和」、我を捨てた一体感を醸し出すもの、それは正に、個人が利益（酒）を能動的に獲得せず、他者により相互に利益供与されるという、受利そのものにほかならない。

一方、欧米におけるパーティでは、専門の給仕などが各人のオーダーした酒を注いだり、各人が好みの酒をバーなどでチョイスし、あるいは一人サイズのボトルでビールなどを飲むのが普通である。まして、他者にお酌をしてもらわなければ酒を飲むことができない、などという事態は生じない。

英語には、「お酌」「手酌」を意味する言葉（単語）さえ存在しないのである。

ここでは正に、必要な利益（酒）は自ら能動的に獲得する、という能利の流儀で酒宴（パーティ）が営まれている。

2 「甘え」VS「自立」

先に触れた「甘え」とは、土居氏によれば、「人間関係において相手の好意をあてにしてふるまうこと」（『続「甘え」の構造』）である。

この心性が日本社会に深く浸透していることを、土居氏は約40年前に指摘したが、これは受利社会に適応している人の心性ないし姿勢といえるだろう。

というのも、他者から利益供与してもらうことによって必要な利益を獲得する受利社会では、「人間関係において相手の好意をあてにしてふるまうこと」は当然の、極めて適応的な心性といえるからである。

日本が受利社会であることの証拠は、この「甘え」の日本社会、そして日本人心性への浸透にも求めることができる。

ちなみに、土居氏は「甘え」の起源は乳幼児期の甘えにあると述べている。しかし、これがそのまま日本社会で見られる「甘え」になるのではない。

というのも、たとえば乳幼児期の甘えには、成人期における、自ら利益獲得できるがあえて他者からの利益供与を受ける、という「依存」の性格はないからである。もし日本が受利社会でなければ、成人間でも見られる「甘え」は存在しないだろう。

つまり、社会的に受利が肯定され支持を受けることで初めて、乳幼児期の甘えが日本社会における成人期の「甘え」となっていくと思われる。あるいは、乳幼児期の甘えがなかったとしても(…そういうことは考えにくいが)、受利社会においては成人期の「甘え」が成立するのではないか、とさえ思われる。

こう考えると、受利こそが日本の成人社会で見られる「甘え」が形成されるための源といってもよいのではないかと思われる。

以上と関連するが、土居氏は、「甘え」の起源が乳幼児期の甘えにあるとともに、乳幼児期の甘えが世界普遍的であることをもって、「甘え」は世界普遍的であると述べている。そしてその主な根拠として、出生直後から始まる乳幼児の他者(母親)への依存心が、欧米人である精神分析家のマイケル・バリントによって「受身的対象愛」（「一次愛」）として取り上げられており（Balint, 1965）、これが「甘え」にほかならないと主張している。しかし、これははなはだ怪しい。というのも、土居氏自ら、生まれたばかりの赤ん坊は甘えるとは言わないと明言しているからである。つまり、「甘え」は、出生約6ヶ月以降の赤ん坊が母親というもの（乳房などの部分ではなく母親という全体対象）を認め始めてから生ずる、と述べているのである（『「甘え」の構造』）。これは、出生直後からの「受身的対象愛」とは発生時期が異なっており、発生時期の異なるものを同じとはいえない。

「甘え」が世界普遍的であるかどうかは、出生約6ヶ月後に母親という全体対象を得た赤ん坊がなお利益供与をあてにしてふるまうことを、その社会が（母親が）許すのかそれとも禁じていくのかによるのであって、それは実際に各地で調査してみなければわからないが、たとえば、既述のように、17世紀アメリカ建国当時のピューリタニズム盛んな時代にあっては、おそらく「甘え」はほとんど禁じられたのではないだろうか。

つまり、その社会がどれほど受利を肯定しているか、によって「甘え」が生じたり抑止されてしまったりするのであって、出生直後からの「受身的対象愛」をもって、「甘え」の世界普遍性を主張することはできないのである。

なお、『「甘え」の構造』の英訳の表題は『The Anatomy of Dependence』である。このように、「甘え」は「dependence（依存）」と訳されることがある。

しかし、先に述べたように、日本人の「甘え」は、周囲との調和（結果平等）などのためにあえて他者による利益供与に待つという場合が多い。自力では利益獲得できないので他者に依存するという本来の依存（dependence）ではない。

一方、必要な、あるいは欲しい利益を自ら獲得でき他者には依存しない、「自立（independence）」が求められる能利社会では、「甘え」は子供であっても厳しく非難される。彼らも早晩、能利社会で生きていかなければならないからである。「甘え」は、受利社会においては適応的であっても、能利社会においては人として認めがたいほど極めて非適応的であると考えられているのである。

たとえば、西欧では近代より「神は自ら助くる者を助く」（Herbert, 1874）といわれてきた。依存しなければ生きていけない者は神からも認められない存在、つまりは人間とさえも認められないのである。

「甘え」は受利社会・日本では極めて適応的であるが、そのままでは、アメリカなどでは生きていけないことは明白であろう。

3　非言語的コミュニケーションVS言語的コミュニケーション

(1) 受利の非言語的コミュニケーション重視

受利的な行動、能利的な行動には、純粋型から両者の混合まで、いろいろなパターンがある。まず、何も言わず、欲しいと意識もしないのに（必要だったと後でわかる）、利益が他者の自由意志によって与えられるとき、それは純粋に受利による利益獲得である。「利益獲得に向けた何らかの能動的働きかけを行った」能利の要素がなく、「他者の自由意志により与えられる」という受利要素のみによる利益獲得（供与）だからである。

あるいは、欲しいと意識しても何も言わず、それを表に出さなかったにもかかわらず、利益が他者の自由意志によって与えられる、というときも、純粋に受利による利益獲得といえるだろう。

また、何も言葉には出さないが、意識して何かを欲しいという態度を示した結果、他者から利益が与えられるときも、ほとんど受利による利益獲得といえるだろう。

というのも、「利益獲得に向けた何らかの能動的働きかけを行った」部分が、「欲しい」という態度を相手に示す程度であるから、「奪う」という要素はまったくなく、「他者の自由意志により与えられる」という受利要素が優勢と思われるからである。

その具体例は、何かが欲しくて、しかし言葉がまだ十分に使えないので母親に泣いてアッピールする幼児の場合である。

さらに、相手に「欲しい」と言った結果、競争がほとんどなしに他者から利益が与えられるときも、まだ受利が優勢の利益獲得といえるだろう。

というのも、「欲しい」という言葉と態度には「利益獲得に向けた何らかの能動的働きかけを行った」といえる能利の要素があるが、競争がない場合にはその利益獲得は、ほとんど「他者の自由意志により与えられる」という受利的要素優勢の結果と思われるからである。

このような例としては、子供が親にものをねだる場合がある。

次に、「欲しい」と表明して、他との競争に勝利した結果、他者から利益が与えられるという場合は、受利の要素は少なく能利の要素が大きい、より能利優勢の利益獲得といえるだろう。

というのも、他者から利益が与えられるとはいえ、それは「他者の自由意志により与えられる」というより、本人の意志や能力、成果などの能動的な努力によって勝ち獲るという意味合いが強いからである。つまり「利益獲得に向けた何らかの能動的働きかけを行った」要素が明確な、能利が優勢の利益獲得と考えられるためである。

これは、たとえば（後述するところの）成果主義による給与、試験選抜、通常の営業活動、コンペや自由競争入札などにおいて見られる。

さらには、何も言わずに、あるいは「奪う」と表明して、同意しない他者から利益を奪い獲る場合や、他者との競争がない状況で目の前に存在する利益をただ獲得する、というような場合は、端的に「奪う」ことに相当するので、より純粋な能利による利益獲得といえるだろう。たとえば拳銃を突きつけて「よこせ」と要求するなど、利益供与する以外の選択肢、つまり他者の自由意志がほとんどないかたちで他者から利益供与をさせる場合である。

このような場合、利益獲得は強奪意志の表明という「利益獲得に向けた何らかの能動的働きかけを行った」能利要素の結果であり、表面上他者から与えられるかたちをとるとはいえ、他者にとっては与える以外の選択肢がほとんどなく、受利の要素である「他者の自由意志により与えられる」という要素がない。

さて以上は、個人の利益獲得パターンのおおよそのスペクトラムを示したものだが、受利がたとえわずかでも関係してくるのは、「他者から利益を与えられる」というかたちを（表面上であれ）少しでもとる場合である。それは、最後の強奪を除くすべての場合といえよう。

そしてこれらについて見ていくと、一般的に言語を作用させる度合いが大きくなるほど「利益獲得に向けた何らかの能動的働きかけを行った」部分が増え、受利の純粋型から能利に近づく印象がある。

逆にいうと、言語を作用させないほど、「利益獲得に向けた何らかの能動的働きかけを行った」部分が減る一方で、「他者の自由意志により与えられる」という要素が増えることになり、受利の純粋型になっていくのである。

これをいいかえると、受利の純粋型とは、言語的には何も言わずに、したがって非言語的コミュニケーションだけによって利益供与されること、あるいは利益供与することと思われる。

したがって、受利社会で受利の純粋型を極めようとする場合、言葉なしに、言外の他者の思惑、気持ちを忖度すること、すなわち非言語的コミュニケーションの粋を極めることが要請されるだろう。

つまり、言葉を介さずとも他者の事情を察する、人の気持ちを慮る、思いやり、以心伝心、腹芸、空気を読むこと、などが要請される。

この中のたとえば「以心伝心」など、欧米人には超能力かと思わせるほどに、日本社会で非言語的コミュニケーションが発達したのは、その利益獲得形式が受利であることによるものと思われる。

(2) 能利の言語的コミュニケーション重視

対する能利社会では、言語的コミュニケーションが賞揚され、比較すると非言語的コミュニケーションへの評価は抑制気味である。

そのように考えるのは、能利と、それに関係する後述する他の諸条件による。ここでは直接能利に関連する部分に関してだけ述べておく。

さて、能利とは自ら必要あるいは欲しい利益を能動的に獲得する形式であるから、すべての基点となるのは各人の自由な意思と欲望である。

ところが、この各人の欲望はさまざまである。

したがって基本的には、それを言語的に表明しない場合、各人の欲望とそこから生ずる行動は他者には想像できないものとなり、不安と脅威を醸し出す。

無言のまま能利を行うことは、極めて恐ろしい事態となる可能性がある。動物の弱肉強食の世界に等しいものになってしまう可能性があるのだ。

たとえば、他者が夜中にわが家に侵入してくる、家財を強奪し、さらには家人の命も奪うかもしれないという可能性に人々が怯えるとき、安心できる社会を形成することはできない。

そこで、安心して皆が能利を行うためには、各人の能利の内容、方針などを、言葉でお互いに表明する必要がある。

つまり、「私は〜をしたい、〜を獲得したい、この方針で〜を目指す、ただしルール・法は遵守して、社会的にもこのように貢献したい」などと表明するのである。

そうすると、「ああわが家が無闇に襲われることはない、その条件でなら私も競争しよう」などと、皆が安心して能利社会に生きることができるのである。

このように、能利社会では、各人がその意思や欲望が何であるかを、そしてその利益獲得をルールや法に従って行うことを、誰にでもわかるように言語的に表明することが必要になる。そしていうまでもなく、そこに嘘があってはならない。

以上が、アメリカ社会などで、率直で明確な言語的コミュニケーションが好まれ、どんな理由があっても嘘をつくことは（たとえ建前だけであったとしても）評価されない理由であろうと思われる。

これと表裏して、能利社会では、不安と脅威を醸し出しかねないゆえに、受利社会におけるようには非言語的コミュニケーションは評価されない。

たとえば、アメリカでは小さい頃から、はっきり言葉で表現しないで何かをほのめかすことは卑しいこと、人間としてやってはならないこと、と躾けられる（直塚玲子『欧米人が沈黙するとき』）。これは、はっきり言葉で要求すると無遠慮、無粋と見られ、あるいは言葉で表明されない状況でも他者の事情を察しないと思いやりがない、空気が読めない、と批判される日本とは真逆といえよう。

このような、能利社会であるアメリカの言語的コミュニケーション重視と受利社会である日本の非言語的コミュニケーション重視との間の齟齬の例を、英語教育学の直塚玲子氏（故人）が紹介している。少し長くなるが、一部引用してみよう。

大阪に住むあるアメリカ人教師の話。

るので、廊下に置いた。……手狭にな

彼女は日本人の家に間借りすることにした。……彼女は早速冷蔵庫を買いこんだ。……手狭になるので、廊下に置いた。

さほど広い廊下ではなかったので、母家の人々は通行に不便を感じ、「非常識な人ね」とささやき合った。しかし、「邪魔になるので、部屋の中に入れてください」とは言わなかった。

彼女も内心、いけなかったかなという危惧を持っていたが、家主の人々から何の注意も受けなかったので、彼女の行為は了解されたものと思った。

ところがしばらくすると、奇妙なことが次々と起こってきた。当然着く予定の手紙がなかなか届かない。……買物に出かけようと思って自転車をさがすが見あたらない。……

このような不可解な事件が次々に起こると、さすがのアメリカ女性でも、家主が自分を追い出したがっていることを悟った。しかし、「正面きってはひとことも苦情を言わずに、蔭でこそこそといやがらせをするとは、卑怯きわまりない家主」と態度を硬化させ、「絶対に出てやらない」と対決姿勢を強めていった。……

アメリカ女性が廊下に冷蔵庫を置いた時点で、家主も、「ああ、ここに置いたのですか」ぐらいのことは言っただろう。日本人だったら、この時、相手のことばの調子から、冷蔵庫をここに置くと相手に迷惑をかけることを、すばやく察してしまう。しかし、アメリカ女性にとっては、それは単に事実を述べることばであって、苦情の表現などとは考えられない。まして「ほのめかすことは卑しいことだ」という価値観を持っているので、自分もまわりくどい言い方をしないかわりに、相手が発信するヒントも、無視しようとする心理作用がはたらく。……

……概していえば、日本人の婉曲表現に対して最も批判的で攻撃的なのはアメリカ人である。彼らの攻撃の根底には、日本人とはまったく対立的な価値観があることを、日本人は忘れてはならない。「ほのめかすことは、卑しいことである」と思っている人には、はっきり言わなければ、コミュニケーションはスムーズにはこばないのである。（直塚玲子『欧米人が沈黙するとき』）

小さい頃から、はっきりと言葉で表現しないで何かをほのめかすことは卑しいこと、人間としてやってはならないこと、と躾けられるアメリカ人は、他の人も卑しいほのめかしなどはしない、言葉で率直にその気持ちを述べるはずだ、と考える。お互いに、言外の思惑を慮るなどの非言語的コミュニケーションを、深くは考えないようになるのである。

土居健郎氏は著書『「甘え」の構造』の中で、食べ物を遠慮して断るとアメリカ人は二度とすすめないこと、心を扱う精神科医でさえ患者の言外の苦しみを理解しようとしないこと、などのエピソードを記している。アメリカ人が一様に、他人の気持ちを思いやり察することがないことに、大きなカルチャーショックを覚えたのである。しかしこれも、お互いにほのめかしほのめかされることもないという、アメリカにおける非言語的コミュニケーション抑制の流儀の顕れと理解すべきことなのである。

結局、能利社会においては、受利社会では大いに評価される非言語的コミュニケーションは、社会に不安と脅威を与えかねないコミュニケーションとしてあまり評価されない。その一方で、誰にでもわかりやすく嘘をつかない率直、明確な言語的コミュニケーションが、各人のスムーズな能利活動を可能にするものとして評価されているのだと思われる。

これは、能利社会の代表たるアメリカにおける、プレゼンテーション技法、ディベート術、アサーション（自己表現）技法、グループディスカッション術などとして、日々洗練を加えているのである。

（3）遠慮と正直

上で触れた遠慮について、再度詳しく述べておきたい。

土居氏は1950年代のアメリカ留学で、知人に紹介されたアメリカ人を訪問したとき、いきなり「あなたはお腹がすいているか、アイスクリームがあるのだが」と訊かれたのだった。土居氏は空腹であったにもかかわらず、初対面の相手に遠慮して、お腹はすいていない、と答えてしまった。それは、もう一度くらいはすすめてくれるだろうとの目算があってのことだった。しかしそのアメリカ人は、「あー、そう」と言うだけで、二度とアイスクリームをすすめなかった。土居氏は、非常にがっかりし、お腹がすいていると言えばよかったと内心くやしく思った、とのことである（『「甘え」の構造』より）。

このような場合の遠慮の意図は、能動的利益獲得からはできるだけ離れる、ということにあるだろう。

遠慮して断ったのに、それでも繰り返しすすめられたので仕方なく利益の供与を受けたという、より受利に近いかたちで利益を獲得したいのである。

それは、先に示した個人の利益獲得についてのスペクトラムの中では、「欲しいと意識しても何も言わず、それを表に出さなかったにもかかわらず、利益が他者の自由意志によって与えられる」という、より純粋な受利のかたちにできるだけ近づけたい、というものである。

日本ではその気持ちが相互にわかるので、利益供与する側も何度も断られてもあえて再度すめるというかたちで利益を供与する。つまり遠慮の意図には、能利の性質をできるだけ弱めて、より受利のかたちで利益獲得したいという場合があると考えられる。

ここで、こうした遠慮の性質をさらに良く示していると思われる作家・五木寛之氏による逸話を引用してみたい。

以前、東京の某デパートのPR誌で、毎月、名流夫人を招いて対談をしていたことがありました。芸術家とか、お花の先生とか、お茶の家元さんとか、すてきなかたたちです。

そしてあるとき、京都の一流料亭の女将さんをゲストにぜひお招きしたいという話になりまして、担当者がお電話をさしあげたのです。対談の内容や、これまでおいでくださったかたのお名前を申し上げるなどして交渉しましたら、〈いえいえ。わたしどもみたいなものは、とんでもございません。そんなところへ出るような者じゃございませんので〉と丁重に、しかもきっぱりと断られたんですね。

担当者が、苦笑して〈あっさり断られました〉と言うから、ああ、そう? 残念だなあ、と非常にくやしがったのです。

もうひと押ししてみようかと思ったのですけれども、なにかそれもちょっと京都の人に対してずうずうしいような気がしたものですから、そのまま諦めて、他の候補のかたに出ていただくことにしました。

それから半年ぐらい経って、京都の知人としゃべっていますと、〈前に、五木さんが対談のお相手をご依頼なさったかたが、非常に気分を悪くなさっている〉と言うのです。

〈どうしてだろう? 気分を悪くするって、むこうから断られたんだよ、こっちは丁寧にお願いしたのに〉と言ったら、〈それは、五木さん、ちがいます〉と笑われた。

最初に知らない人から依頼を受けたときに、わたしはそういう晴れがましいところへ出るような者ではございませんと断るのは、これはもう京都のマナーなんだと。そこでもう一回、日をあらためて、先日ご辞退なさったけれども、やはりあなた以外にはないということで、ぜひお願いしますと頼むのが当たり前のことだ、それが常識というものだ、というのです。そうした上で、またまた辞退なさる。そしたらその後もう一ぺん、手紙を書くなり電話をかけるなりして頼むのが本当の頼みかただ、というのです。そうすれば、〈そこまでおっしゃるのでしたら、わたしのような者が出ても恥をかくようなものですけども、お手伝いさせていただきましょう〉と言って、むこうは必ず出てきてくれます、と。

その相手のかたはいちど断って、実は編集部からの再度の交渉を心待ちにしておられたのに、ナシのつぶてだったので、大変馬鹿にされたというふうに受け取って、気分を害していられたんでしよう、と言われまして、なるほど、これは大変だとため息をつきました。（五木寛之『生きるヒント』）

ここでは、女将が再度の依頼を心待ちしていたことからも推定されるように、名流夫人として有名作家との対談に呼ばれることが、女将にとって名誉となるなど何らかの利益となったことが推定される。そして利益であるだけに、できうる限り能利というかたちからは離れる必要があった。それは、京都という日本文化の源ともいうべき土地に生きる人間として、「可能な限り辞退したがどうしても断ることができなかった」というかたちをとらねばならなかったからである。つまり、できる限り能利から遠ざかった受利に沿うかたちでの利益獲得＝遠慮、をしなければならなかったのである。五木氏らは何度断られても手を変え品を変えてお願いする、というかたちで対談要請を繰り返す必要があったのである。

これに対してアメリカ人は、基本的に意思や欲望に正直であることを求め、それをすべての前提としている。前節で述べた非言語的コミュニケーションへの低評価に表裏するかたちで、正直であることが求められ、評価もされるのである。そしてその姿勢の最も基底には、前節で述べたように、能利の肯定があるといえるだろう。

結局、この節のはじめに述べたアメリカにおける土居氏のエピソードは、前提としている利益獲得方法の相違がもたらした食い違いの一例といえる。

さて、土居氏の留学体験から半世紀以上経た現在でも、日本社会では依然として遠慮が各所で見られる。

たとえば、日本の官僚社会を批判した元厚生省課長・精神科医の宮本政於氏（故人）は、その著書で、糖尿病の持病を持つある役人が、接待をしてくれる相手に遠慮して、生命をかけてまで宴会に出された食事を食べ続けたという逸話を記している（『お役所の掟』）。「糖尿なので自分だけ別メニューにしてくれ」とは、宴会の席への「迷惑」を考え、決して言えないのである。

そしてこれに対照的なものとして、アメリカなどでのパーティ事情を記している。

そこでは、出席者のそれぞれが事前に主催者の「迷惑」も顧慮せず、「ベジタリアンなので自分に肉魚は出してくれるな」「スパイスは弱くしてくれ」「味付けは、自分は特に薄味にしてくれ」などとこと細かに要望し、主催者もそれを当然のこととして受け入れているとのことである。

日本の役人が自らの健康・生命をかけてまで遠慮していることを、著者は滑稽なものとして描いている。しかしこれも、日本社会における受利の精神の支配を示す一現象と思われる。これに対してアメリカ社会では、能利、つまり個人が能動的に利益を獲得することを前提とするゆえに、各人が個別の要望を表明することはまったく当然のことと捉えられたものと思われる。遠慮がしばしば理解されることのない社会である。

4　日本人の「金銭貸借関係」

(1)　日本人の利益供与一般にはたらく「金銭貸借関係」

理想型の受利社会では、誰にとっても、利益を得る方法は他者による利益供与だけで、自ら能動的に利益を獲得できない。

ある相手から利益供与（物品供与や親切など）を受けた場合、直接にはその相手は利益供与した分の利益喪失＝損をしていることになる。そして受利社会においては、その相手に利益を返済しなければならない。

というのも、利益供与した相手も受利で生きているので、能動的に損失回復（利益獲得）できないのであるから、他者がその損失分を供与しなければ、永遠に損したままとなるからである。そしてそれが一番わかるのが、利益供与された当人であることは自他共に明白である。それゆえ、利益供与された当人こそが、利益返済をしなければならないと考えるのである。

もしここで利益返済をしなかった場合、その人は「他者から利益供与されるだけの困った人」ということになり、受利社会で生きていくことはできない。

そこでたとえば、利益供与がとても嬉しかったので、供与された利益以上の利益返済（お礼）を相手にしてしまうとどうなるか。

今度はその相手が、当方が供与利益以上に行った利益返済分は損しているとわかるので、少なくともその分の利益返済をさらにしようとするだろう。

したがって、利益供与に対する利益返済がぴったりと等価でない限り、相互の利益返済が限りなく続いてしまうことになる。

これでは社会生活上、少しばかり煩わしいことになる。

そこで一番良いのが、供与された利益と等価な利益を返済する、という等価返済である。これができると、この利益返済ゲームを一回で終わらせることができるのである。

ある昼下がりの、あるファミリーレストランでの話である。中年女性四人が食事を終えようとしている。一人の女性がすばやく一万円札を差し出すと、他の三人が両手を挙げて一斉にそれを制止しようとする。「いいの、いいの、あんたは今回はいいの！」

それでも、件の女性は無表情のまま「何言ってるの？　私がここ払うわよ」という感じで一万円札を引っ込めない。さらに、三人が「あんたはいつも払い過ぎてるから、ここはいいの！」と両手を挙げて繰り返し制止するも、どうしても女性は引っ込めない。そのため、三人はさっさと席を立ってレジの方へ行ってしまう。一人残された件の女性は、「なぜだろう？　いつものとおり払おうとしているだけなのに」と言わぬばかりの怪訝そうな表情をして、誰も居なくなったテーブルでやっと一万円札を財布に収める。

しかしその後は何事もなかったかのように、今度は支払おうという素振りもまったく見せずに、他の三人が支払っているレジの後ろを無言のまま通り過ぎて、さっさと店を出て行ってしまう・・・。

傍目から見るとやや芝居がかったともいうべき「大立ち回り」であるが、食事代を奢るという親切、好意が、ちょうど正確に代金に換算されて等価返済が目指されている。もしこの機会に等価返済が成されたなら、この利益返済ゲームは終了する。しかし、もし成されていない分が残っていれば、他の機会にまたこの「大立ち回り」が続けられ、等価返済が実現するまでこの利益返済ゲームは続けられるのである。

このような、日本人における親切や「恩」、すなわち物質的あるいは精神的な利益供与に対する等価返済が、日本文化を研究したアメリカの文化人類学者ベネディクトにはまるで、千円借りたら千円返すように、金利分を考えずに等価返済で行われる個人間の金銭の貸し借りと同じに見えた（『菊と刀』）。

ベネディクトは、アメリカにおける、返済を求めない利益供与としての親切、ボランティア、富裕者による多額の寄付などの理念行為を、尊いものと考えていた。そこで、親切にさえも「金銭貸借関係」をあてはめる日本人を、おかしなものと見ていたようである。

この関係は近年、精神科医の芝伸太郎氏によっても再発見されている（『日本人という鬱病』）。

彼はドイツ留学をしていて、物品供与や親切に対する等価返済が日本人に特異的で、たとえばドイツではまったくそんなことは行われていないことを知った。そしてこの「金銭貸借関係」を、「日本人とお金」の深い関係と捉えたのである。

いずれにせよ、時代を隔てて両者とも、日本人社会に見られる極めて特異的な現象として、利益供与（「恩」や親切）における「金銭貸借関係」を、驚きをもって記載、分析している。しかしながら両者とも、なぜそれが起きるかについては説明していない。

この点、上で述べたように、日本人が受利に従っているという視点から比較的簡単に、この「金銭貸借関係」の生ずる理由が説明できる。これは、受利という観点の優れている点を示す一例と思われる。

一方、能利社会では、親切＝利益供与を受けても、相手も自ら能動的に利益を獲得して生きているので、自分が返済しなければ相手が損をしたままになってしまう、とは考えない。

また能利社会の特性として、理念性の重視ということがある。

これは後で詳述するので、ここでは要点だけ簡単に述べておく。

つまり、皆が能利する社会では、ルールや法の遵守なしには社会は成り立たず（弱肉強食の世界に陥る）、ルールや法が重視される。そしてそれを支えるところの、ルールや法が正しいものであるという理念性が重視される。受利社会とは違って、能利社会存続のためには理念性が強く求められるという事情があるのだ。

この能利社会では、返済を求めない利益供与が、理念的行為として賞賛されるのである。そしてこの理念性重視が、欧米社会における無償の利益供与である一般的な手助け、親切行為、ボランティア、そして多額の寄付の多さなどとして顕れている。

さらに利益供与に対して返済を考えない理由のひとつに、やはり詳しくは後述するように、能利社会に必然の格差がある。

簡単に述べると、能利社会では社会保障は手厚くはできない。

それというのも社会保障は、富める者の能利の側面を減らして貧しい者の受利の側面を増すので、社会全体として受利部分を増加させ、能利を否定する側面を生むからである。あるいは、受利が人々の依存部分を増やすことから、自立、自己責任の原則を侵害する、として反対されるのである。

しかし格差は大き過ぎると社会不安を醸すので、何らかの是正が必要になることがある。そこで能利社会では、社会保障給付等によらないかたちで、この格差を是正することが必要となる。

それが、社会制度ではない各個人の自由意思による無償の親切であり、ボランティアであり、多額の寄付による利益供与なのである。

こうした利益供与に対して、受利社会におけるように等価返済されてしまうと、能利社会でははなはだ困ることになる。それは無償の利益供与という個人の親切心、理念性を台無しにしてしまうからである。またより一般的には、能利社会における格差是正の邪魔をしてしまうことになるからである。

2008年にハリウッド俳優ウィル・スミス主演のアメリカ映画『7つの贈り物（原題 Seven Pounds)』が製作、上映された（日本では2009年）。

元航空学エンジニアの主人公の男性（ウィル・スミス）は、携帯電話の操作をしながら自動車を運転して交通事故を引き起こし、自らの婚約者を含む7人の命を失わせる。その贖罪に、彼は見ず知らずの、生命が関わるほどに困窮しているがしかし善意の人を見つけては、自らの臓器（肺、肝臓、骨髄、角膜など）や財産（家屋）などを贈り、その人々の人生を幸せにしていく。そして最後に自殺することで、重い心臓病の女性（この女性と主人公は恋に落ちた）に自らの心臓を提供するという話である。

大変感動的な話である。

しかし、これが日本の話であったなら、交通事故の遺族への贖罪を何とか行おうとし（これを行うだけでも大変である。物語では、遺族へのどのような贖罪がなされたのかは不明）、それ以上の、無関係の人々への利益供与の話にはならなかったのではないだろうか。つまり、やはり利益（損害）への等価返済、「金銭貸借関係」である。日本人にとっては、自らが引き起こした交通事故への贖罪が、なぜ遺族以外の無関係の人への利益供与になってしまうのか、わかりにくいのではないだろうか。

しかし能利社会では、理念性、つまり無償の利益供与が求められ、評価される。交通事故の遺族への賠償では利益（損害）への等価返済、「金銭貸借関係」だけの話に終わってしまい、あまり理念性を生じないのである。遺族が善意の人ではなかった場合などは、特にそうである。

また、生命が関わるほどに困窮している善意の人への無償の利益供与であれば、能利社会に必然の格差の是正には、最も効果的といえる。

この主人公による、困窮しているが無関係の善意の人々への無償の利益供与は、能利社会における理念性の賞揚とその格差是正のために大いに肯定されよう。これが、能利社会・アメリカにおいて、無関係の人への利益供与の物語『7つの贈り物』が製作された理由のひとつであろうと思われる。

もうひとつ、これも後述する予定であるが、法的にはしなくてもよい主人公の贖罪行動が、恥意識ではなく、ひたすら罪意識によって引き起こされている点も、能利社会におけるストーリーであることを示唆するものである（宗教による影響はいろいろな論じ方ができると思われるので、ここでは述べない）。

ところでアメリカ人ベネディクトは、親切には色（返済）がついていないほど尊いと述べ、既に述べたように、親切にさえも金銭貸借関係をあてはめる日本人をおかしなものと見ていたことが、『菊と刀』の行間からうかがわれる。

しかし、無償の利益供与である親切、理念的行為の尊さは、ベネディクトが考えたように、説明の必要もなく人類に普遍的で自明なことではない。

その評価は、社会が能利社会か受利社会かで変わる部分があるのである。

つまり、能利社会では能利を行うがゆえに強い理念性が必要とされ、また、結果として生ずる格差の是正のため無償の利益供与が必要となるゆえに、大いに賞賛されるのである。

一方、受利社会（特に理想型）では、まず誰も自ら利益獲得しない（他者の利益を侵害しない）のであるから、社会の維持のために特に強い理念性を必要とすることはない。また、格差も受利に沿う社会保障給付などの十分な所得再分配により是正されていることになる（詳しくは後述する）。後は等価返済――「金銭貸借関係」――を各人が個々に行っていくことで、社会の安定（結果平等）が保たれていく。

ここでは基本的に、無償の利益供与は社会として必要がなく、もちろん、その場の状況に応じて賞賛はされるであろうが、本当は高く評価する必要もないのである。

このように、二つの考え方のどちらが正しいのかは、ベネディクトの考えたようには自明なのではなく、社会が受利‐能利という二つの利益獲得方法のどちらをより多く採用するのか、によるものと思われる。

(2) 日本人はなぜ「すみません」と言い、「ありがとう」と言いにくいのか？

土居氏は、アメリカで他人から親切にされたとき「ありがとう（Thank you）」と言えずに「す

みません (I'm sorry) と言ってしまった体験を、その著書『「甘え」の構造』の冒頭で述べている。そして今なお、たとえば見知らぬ人に落とし物を拾ってもらうなどの利益供与を受けたときに、われわれ日本人の口をついて出てくる言葉は、「すみません」だろう。

ではなぜ「すみません」と言うのだろうか？

それは日本人社会における、利益供与の「金銭貸借関係」から容易に説明できる。

土居氏も述べているように、「すみません」とは「済みません」の意だろう。

何が済まないのかというと、利益供与への等価返済がしたいができなくて「（返済が）済みません」と言っているのである。

たとえば、街中などで落とし物を拾ってもらう、電車で席を譲られるなど、見知らぬ人に親切＝利益供与されたとき、通常その場では等価返済できない。また、二度と会わないであろうから、永遠に等価返済できないだろう。

しかし受利社会では、利益供与には等価返済しなければ、親切＝利益供与をした人は永遠に損をしたままとなる。そうすると親切な人が損をするばかりとなり、誰も親切をしない社会になってしまうだろう（受利社会においても、その場その場に応じた小さな親切は評価される。ただし結果平等を実現しているはずの受利社会では、理念性を帯びるほどの大きな親切への評価は、やや複雑となる）。

だからせめて、受利社会の掟「金銭貸借関係」は十分知っています、それで等価返済したいのですがこの場ではできません、まことに申し訳ありません、との意を表明するために、「済みません」と言ってその親切に報いるのである。

土居氏は、「すみません」という理由は、迷惑をかけたことを詫び、相手から末永く親切を受けたいため、と説明している。しかしこれでは、街中などで二度と会わない、それゆえ末永く親切を受けることもない他人の親切に対しても「すみません」と言ってしまう理由が、うまく説明できない。

このように、「すみません」という身近な言葉づかいからも、日本人の利益供与に関する「金銭貸借関係」、そしてその基底にある受利の存在がわかるのである。

それでは逆に、たとえばアメリカでは、親切などの利益供与に対して「ありがとう（Thank you）」と言い、なぜ「すみません（I'm sorry）」と言わないのか？

ここで「ありがとう」とは、提供された利益を返済する意思はなく、ただ親切に感謝します、の意だろう。

前節の繰り返しになるが、アメリカ人は皆、基本的に能利で生きているから、受利社会におけるように相手が永遠に損をし続けるとは考えず、たとえ利益供与しても損失を自ら回復できるとわかるという意味合いがある。

そして、能利社会における「正しいことをした、無償の親切行為をした」という理念性の尊重がある。むしろ、ここで等価返済してしまうと、返済を求めないせっかくの親切心を台無しにしてしまう。そのため、あえて返済はしないようにするのだ。

さらにより根底には、能利社会における格差の必然性がある。この格差を是正するためには、ボランティアや多額の寄付のように、等価返済を求めない無償の利益供与が社会的にも必要とされる。ここで等価返済されてしまうと、格差の是正ができないことになって困るのだ。

以上のような諸々の理由によって、ベネディクトが述べたように、アメリカのような能利社会では「ありがとう」と感謝だけで「済ます」こと、親切には色（返済）がついていないほど尊い、ということになると思われる。

ちなみに、アメリカでは「目上」の人にも「ありがとう（Thank you）」と言うが、これは、能利社会の大前提である、お互いに自由、独立、平等ということを示す必要があるからで、これも「ありがとう」の流布する理由となっているだろう。

逆にいうと、日本の「タテ社会」では、平等、対等とならないようにするために「ありがとう」とは言えず、「すみません」と言わざるを得ないということもある。現に、土居氏は上司の精神科医の親切に対し、「ありがとう（Thank you）」はどうしても対等に過ぎると感じて、「すみません（I'm sorry）」と言わざるを得なかったのである。

5　理念、正義、法、ルールVS協調、「和」

既に多少とも述べてきたことであるが、ここで改めて、能利および受利社会とルールや理念性の関係について、さらに考えてみたいと思う。

まず、皆がひたすら能利を行うとき、そこに出現するのは弱肉強食の動物の世界、「万人の万人に対する闘争」（トマス・ホッブズ『リヴァイアサン』17世紀）の世界であろう。

これを人間の社会、能利社会とするには、利益獲得競争を調整するルールや法が必要となる。そしてこのルールや法を守らせるのは、まずは、違反者への罰則とそれを行使する権力、警察力（暴力）である。

しかし、すべての場面で権力や警察力を行使するのは、物理的に不可能である。

したがって、人々にルールや法を守らせるには、それが正しいことで守らなければならないという、各人の内的認識が必要となる。つまり正義心、理念性を強く内面化させた内的規範は、能利社会を形成、維持するための最も基礎的な要件なのである。

だから能利社会に育つ子供たちは、理念性、正義心の大切さ、これが何よりも重視されるべきこととして教育されるのである。

たとえばアメリカでは、子供たちは小さい頃から不正がないこと、つまりフェア（公正）であるべきことが、教科書の一章を割くなどして徹底的に叩き込まれる（今井康夫『アメリカ人と日本人』）。

さらに、アメリカの中学・高校におけるリーダーの条件は、正義を有していること、である。

正義にもとづいた行動であるとき、クラスメートはリーダーに協調し、支持する。このようにして何か問題が生じたとき、クラス全体がリーダーのもと、正義に向かって動くのである。

「アメリカには暗黙のうちに、正義が正しい良いことなのだという目標があり、究極的にはその目標に向かって進んでいこうという全員の志向がある…」(千石保&デビッツ・R『日本の若者・アメリカの若者』)。

そしてこれは、アメリカ社会の、大義、理想、「common cause」の前には多少の犠牲を払ってもその実現に邁進する国民性として顕れることになる(加藤恭子『こんなアメリカを知っていますか』)。

たとえばそれは、アメリカ独立戦争における独立宣言、南北戦争における奴隷制度廃止宣言、第二次世界大戦におけるファシズムとの闘いであり、近年のテロ(2001年の9・11アメリカ同時多発テロ)との戦い「不屈の自由作戦」でも見られた、アメリカ国民全体の意識の統一と高まりである。ここには、多少の犠牲、立場の差異も問題としない、アメリカ国民の理念性、正義心の強さが見て取れる。

このようにして、自由、独立、機会平等の能利社会ほど、理念や正義が高らかに謳われることになる。その典型がアメリカであるといえるだろう。

一方、皆が受利に従っている場合は、皆が他者から利益供与されるかたちで利益獲得するのであるから、利益獲得競争自体があまり起きず、そもそも弱肉強食の世界にはならない。

したがって、厳しいルールや法は要らず、それを実行させる権力や警察力も強力なものは要らない。さらにそれを支える理念性や正義心も、あまり必要ではないことになる。たとえば日本の中学・高校には、アメリカにおけるようなリーダーというものが存在しないばかりでなく、通常クラス全体に正義という目標もない。

むしろ逆に、理念性や正義心が強いと、それに反してしまう人は処罰されることになり、彼らには利益供与されないことになる。これはそもそも受利社会の目指している社会全体の結果平等に反してしまう可能性を生むので、好ましくない。

旧来からの、過去のことは「水に流して」許してあげようとする日本人の心性、犯罪者であっても死んでしまった後は仏様にしてしまう日本は、理念性や正義心は強いとはいえず、受利社会の典型といえるだろう。

日本人の多くは、神社で神道の神様に年頭のお参りをし、教会でキリスト教の神に永遠の愛を誓い、最後にお寺で仏様に弔いをしてもらっている。これも、他理念への寛容さ、柔軟さを示すと同時に、これに表裏して理念性や信条の緩さ、規範性や正義心の弱さを示しているものと思われる。

また、先の戦争において、昭和天皇が敗戦を宣言した途端、ほぼ一夜にして日本人の多くがそれまでの信念を捨てた。つまり「万世一系の現人神である天皇の下での大東亜共栄圏確立、五族協和、鬼畜英米撃退」などの理念、正義心を捨てた。そしてこれらを、戦勝国・アメリカの主導する「世界平和国家、民主国家」という理念に、比較的容易に置き換えていったのである。

ちなみに、アメリカが主導して日本の次に「戦勝」し占領した最近のアフガニスタン戦争、イラク戦争においては、主要な戦闘の終了後も、イスラム勢力などがあくまでその信条を堅持して徹底抗戦を続けている。これに比較しても、日本人の理念性、正義心（先の戦争であれば「現人神である天皇の下での大東亜共栄圏確立、五族協和、鬼畜英米撃退」などの理念、正義心）の弱い可能性が示唆されるのではないだろうか。

さらに、第二次世界大戦後、ドイツは世紀を跨いでもなおナチス犯を追及し、イスラエルもナチス犯が超高齢となっても世界の果てまで追い詰め、絶対に許さないという姿勢を堅持している。一方日本では、人道への罪と戦犯という重心の違いはあるにせよ、戦後10年も過ぎないうちにA級戦犯を社会の一線に戻してしまっている。

これも日本が理念性や正義心に弱く、これをあまり強くは堅持しない、ということの顕れではないかと思われる。

逆にこのような受利社会において重要視されるのは、協調、「和」である。

「和」とは、所属する集団、場に対立・抗争を生じさせないため、成員が相互に信頼し合い、助け合い、互いの間柄を尊重することによって、穏やかでなごやかな調和、協調を心掛けることである（濱口惠俊『日本型信頼社会の復権』）。

受利社会においては、必要な利益はお互いの利益供与によって得られる。したがって、協調、

「和」が、受利社会を維持、存続させていく上で最も基礎的な要ともいうべきものとなるのである。

「和」の精神は、聖徳太子が十七条憲法の第1条の冒頭で「和をもって貴しとなす」と制定したことに見られるように、日本人には古から身についた精神性である。

組織、場が円滑に運営されるための最も効果的な精神特性であり、日本人であれば集団内においてはほとんどこれに第一位の価値を認め、また無意識的にこれに従って考え、行動してしまう、というほどの基本原理である。

日本社会では、理念や正義よりも協調、「和」が最も重視されてきた所以である。

6 「罪の文化」VS「恥の文化」

能利社会では、社会存続の要として理念性や正義が重視される。これが、子供のときから成育過程において強く教育され、内面化・内的規範化されることになる。そうすると、それに反する行為をしたときには自らを罰する、という罪意識が生まれることになる。

ベネディクトは、欧米社会を「罪の文化」(『菊と刀』)であると述べたが、これは、能利社会が弱肉強食の動物世界に陥らないために必要とした、理念性や正義重視の結果だと考えられる。

そしてより根本的には、能利社会の人々が「罪の文化」によって守っているものとは、自らの意志ですべてを決めるという自由性だろう。というのも、彼らは欲望を実現すべく利益獲得を行うとともに、内的規範に従い善行を為し、さらに犯してしまった非行には罪意識により自ら罰することもする。そして、このような生き方において一貫して維持されているものとは、すべてを自らの意志で行為、選択するという自由性なのであるから。

自由とは、能動的な利益獲得を生み出す起源であり、それを実現させるところの最も基本的な要だった。つまり、内的規範そして罪意識の堅持によって守っているものとは自由であり、それは能利を可能とするところの最も基本的な要件なのである。

このように「罪の文化」の由来は、理念性や正義の重視、そして根底的には自由の確保にあり、これらはすべて能利の実現、維持のためなのであろうと思われる。

よく、日本人は自らに非がある場合は当然のこと、それが明確でない場合でも容易に謝罪するが、アメリカ人は自らに非がある場合でさえも、なかなか謝らないと言われる（高木哲也『謝らないアメリカ人すぐ謝る日本人』）。

アメリカ人が容易には謝らないのは、訴訟社会なので、謝罪すれば多額の賠償責任を生じかねないからだろう。

しかし、おそらくより根本的には、容易に謝罪する人間は、能利社会の人間として失格になりかねない、という意識もあるのではないかと思われる。謝罪し他者の許しを請うのは、罪意識、そして内面化された理念性や正義心の不十分さを示しかねないからであり、さらには、すべてを自らの意志で決するという自由性を損なう行為となる可能性があるから、謝罪できないのである。

そして、他者の許しを得る＝他者に利益を供与される、ということが、そもそも能利というアメリカ人の利益獲得方法に反しているからだろう。

一方、受利社会では、生存に必要な利益を供与してくれる他者の意向を敏感に捉え、これに対応、配慮することが、生きていく上で最も肝要なこととなる。

ここで、能利社会のように内的規範を強く持して生きようとすると、それに反する者との間で強い摩擦が起きたり、相互の利益供与ができなくなる可能性が生ずる。社会に断絶を生じてしまい、受利社会の目的である結果平等が実現できなくなりかねないなど、あまり適応的ではないことになる。

つまり、受利社会においては、周囲の意向によって物事を判断するという姿勢がより適応的で、強い内的規範に従って自立的に生きることはあまり適応的ではない。

ベネディクトはこのような日本人のあり方について、「日本人は、他人の行動に看取されるあらゆる暗示に油断なく心を配ること、および他人が自分の行動を批判するということを強く意識する」（前掲書）と述べている。

そして受利社会では、このような姿勢が、自ら非行を犯してしまった場合にも延長される。つまり、内的規範にもとづく罪意識によって自らを罰するよりは、周囲の目や批判があれば行為を律する、それが無ければ行動を律さないという姿勢である。

ベネディクトはこのような外的規範に則る生き方＝恥意識で行動を律する日本人の生き方を、「恥の文化」と捉えた。

そして、一貫して自由、自立を堅持する「罪の文化」を肯定する立場から、これを「罪の文化」より劣ったものと捉えていたようである。

しかし、「恥の文化」も、受利社会の要である周囲との協調、「和」と、他者の意向を敏感に捉えこれに対応、配慮するという点で一貫している。受利社会が要とする姿勢を、それは堅持しているのだ。

つまり、他者から生存に必要な利益を供与されるという受利社会においては、「恥の文化」がより適応的な生き方といえるのである。

能利と受利それ自体に、優劣はない。というのも、後述するところの各社会のおかれた諸条件によって、そのどちらかがより大きい比重で採用されるに過ぎないからである。

ベネディクトは日本を「恥の文化」と規定し、その内的規範の脆弱さを批判した（『菊と刀』）。しかし、以上の議論によるなら、普遍的に「罪の文化」が優れており「恥の文化」が劣っているとする評価は妥当なものとはいえない。ベネディクトの批判を受けて、土居氏（『「甘え」の構造』）や社会学者・作田啓一氏（『恥の文化再考』）などは、「恥の文化」の「罪の文化」に対する深遠性、根源性を主張して、反論を試みている。

しかし、その必要もなかったのではないかと思われる。「罪の文化」も「恥の文化」も、能利と受利、それぞれを実現するための方策に過ぎないのであるから、それ自体に優劣はないのである。

7 父性原理 VS 母性原理

(1) 父性原理、母性原理

父性原理とは、ライオンが千尋の谷に子ライオンを突き落とし、這い上がってくる能力のある優れた子供だけを残し、劣る子供を捨てる、という喩えに示されるような原理である。

つまり、ある価値観、理念、主義などに適う優れた者を評価し、これに反する者を厳しく罰するようなあり方である。ある価値観、理念、主義などですべてを「切断」する（河合隼雄『母性社会日本の病理』）といってもよい。

それゆえこれは、理念、主義、正義を高く掲げ、これを強く堅持する必要のある能利社会に適切な原理であろう。「万人の万人に対する闘争」状態から、容易に動物世界に堕してしまいかねない能利社会では、厳しい父性原理なしには社会形成、維持ができないのである。

たとえば、バブル経済破綻後の１９９０年代後半に、日本では、住宅ローン専門のノンバンクである住宅金融専門会社（住専）の不良債権問題が起きた。これに対しては、母体銀行負担、貸し手金融機関（農林系金融機関）負担、税金投入（６０００億余）により破綻処理が行われたのだが、同時に、一般企業の処理に税金が投入されることへの大きな批判が社会的に巻き起こった。それでも旧大蔵省ＯＢの多かった住専の経営者に対して、経営破綻に追い込んだ刑事責任が問われることはなかった。

一方、１９８０年代後半のアメリカでも、やはり住宅ローンを主業とする貯蓄貸付組合（Ｓ＆Ｌ）が次々経営破綻するという、同様の問題が起きていた。そして日本と同様の破綻処理が行われた。しかしこの際に日本とは違って、１０００人を超えるＳ＆Ｌの経営者が、経営破綻に追い込んだ刑事責任を問われ、多額の損害賠償を課された上、刑務所に送られたのだった。こうした、日本に比較しても明らかに厳しい処分は、アメリカ社会の父性原理的性格の一端を良く示しているように思われる。

また、１９７０年代前半には、当時のリチャード・ニクソン大統領下のホワイトハウスによる、野党・民主党に対する大がかりな盗聴が判明したウォーターゲート事件が起きた。最終的には最高裁判事が全員一致で、ＣＩＡを使ってウォーターゲート事件の調査を止めさせようとした大統領の会話録音テープの提出を、大統領に命じた。大統領は提出命令を拒否できたのだが、判決の8時間後に提出を表明、16日後にはアメリカ史上初めて、任期半ばにして大統領職を辞任、直ちにヘリコプターでワシントンを去ったのだった。

法と秩序の回復を訴えて当選したニクソン大統領は、ワシントンへ権力を集中させ、数多くの大胆な政策を強引に実施する「帝王的大統領」だった。しかし、その部下である司法長官も副司法長官も、彼のウォーターゲート事件特別検察官罷免命令を拒否した。さらに、その多くを自らが任命した最高裁判事も全員が一致して、大統領の犯罪を許さないという決定を下したのだった。

ごくわずかな例しか挙げなかったが、アメリカ社会は原理、原則にうるさく、これに反する者を厳しく罰する社会と思われる。これらの事件の経過全体に、アメリカ社会の理念、正義の重視、そしてそれを固く守る父性原理の性格が顕れているように思われる。

そしてその神概念も父性神である。

ベネディクトは、「キリスト教圏の神は恐ろしく、人間を裁き、監視し、ほしいままに権力をふるう、人々をして神々を恐れさせたり、その行為を神々の意に叶うようにさせる」と述べている（『菊と刀』）。

確かに、欧米を旅行してしばしば見る女神像や天使像は、たとえやさしく微笑んでいても、その足下でキリスト教に反する邪悪な者を踏みつけている。女神や天使であっても、原理、教義に反するものは許さない、という父性神の性格を伴っているのである。

一方、対する母性原理とは、母親が能力の優劣にかかわらずすべての子供を愛するようなあり方である。つまり、ある価値観、理念、主義に適う優れた者だけでなく、これに反する者でも区別することなく評価、保護し、あるいはこれを厳しく罰しないようなあり方である。

それゆえこれは、理念、主義、正義を高く掲げることなく、組織の協調、「和」を第一に考える受利社会に適切な原理といえるだろう。

母性原理によって、ある価値観、理念、主義をもって人々を「切断」することなく、すべての人に利益を等分に分け与えること、結果平等を、受利社会は目指すことができるのである。

たとえば、日本の少年法や殺人などの凶悪犯罪への刑罰は、アメリカや中国などの諸外国に比較するととてもやさしく甘い。つまり、死刑に次ぐ無期（懲役）刑は、実際は十数年で出所できる可能性がある甘い刑であり、終身刑はない。

またアメリカのように懲役150年などといった判決も下されない。アメリカの治安を著しく改善したといわれる、二つの重大な犯罪歴があり、さらに種類を問わず有罪判決を受けると自動的に終身刑になるという、「三振法」（1996年）もない。

中国では覚せい剤所持や未成年への性犯罪は初犯でも死刑であるのに対し、日本では判で押したように、覚せい剤所持の初犯は起訴猶予か執行猶予である。

一般犯罪に対しても執行猶予刑がはなはだ多い。さらに少年の場合は、実名、顔写真の報道もない。刑法が全体的に矯正・教育による更生に重点を置いているために、刑法判断、処罰が軽い方へ傾いているのである。

また、日本の神概念は母性神の性格が強い。

神仏、とりわけその女神像である観世音菩薩などは、すべてをやさしく包み込み、何者をも「切断」することなく慈悲の光で照らす母性神となっている。西欧の女神や天使などとは違い、罪あるもの、邪悪とされるものを足蹴にしている、などという女神像は存在しない。

これらには、受利社会である日本における母性原理の反映を見て取ることができるように思われる。

この点に関しては、臨床心理学者・河合隼雄氏（故人）も同様のことを述べている。つまり、人の心にはたらく原理には相対立する母性原理と父性原理があり、西欧社会の父性原理に対して日本社会では母性原理がより浸透している、と（『母性社会日本の病理』）。

何事も「包含」する母性原理では、能力などで区別することのない絶対的な平等性と母子一体の包摂性がある。一方、「切断」する父性原理では、主体と客体、善と悪、上と下で区別するとともに、より良いものを建設し悪いものを破壊していく性格がある。

河合氏は、どの社会にも両方の側面があるが、どちらかが優勢にはたらき、日本の宗教、法律、道徳などには母性原理がより浸透していると指摘し、日本社会を基本的に母性社会と捉えている。

そして、当時（1970年代）問題となっていた登校拒否の急増や、日本人に特異的な対人恐怖症、自我の未確立などの日本社会における諸病理は、この両者の比率の変化、ないし父性原理が浸透してきているがまだ社会的に十分受け止められていない過渡的状況によって生じているのである、と河合氏は論じている。

河合氏は、母性原理でやってきた日本社会でもこのような諸問題が出てきていることから、今後は父性原理の導入が必要であると主張しているが、なぜそうであるのか、そして、そもそもなぜ、日本社会に母性原理が浸透したのか、その理由を説明していないように思われる。

これについては、日本社会が受利社会である（あった）ために母性原理が浸透したと説明できる。その成立条件については後述するが、その条件が変化したため、能利社会への移行傾向が生じてきており、それに対応して父性原理の導入が必要となっている、と説明できるのではないかと思われる。

(2) 人間性悪観、人間性善観

能利下では、原理的には、誰もが能動的に欲するものを獲得しようとするのであるから、他者に利益を奪われるという可能性が常にある（「万人の万人に対する闘争」）。したがってその人間観は、自らの欲望の充足を目指し他者の利益を侵害する可能性を持つという、人間性悪観に傾く。

それゆえにこそ、高く理念、主義、正義を掲げ、厳しくルール、法に従わせる父性原理が、能利社会の成立、維持の上で必要となるのである。

日米の成育文化を比較検討している比較社会学者・恒吉僚子氏は、アメリカでは赤ん坊といえど、あくまで個人的な欲望を満たそうとする強欲な存在と見る人間性悪観があると述べている（『人間形成の日米比較』）。

たとえば既に述べたように、アメリカの17世紀の北米大陸入植当時のピューリタニズム盛んな時代にあっては、赤ん坊は生まれつき原罪を背負う存在で、厳しく躾けないと動物のままとなり、その要求に応ずることは悪魔に従うことになる、と考えられた（恒吉僚子『人間形成の日米比較』）。そして、宗教的色彩のなくなった1970年代のスポック博士の育児革命後も、その人間観はそれほど変わっていない。すなわち、赤ん坊はそれ自身独自の欲望を持つ、親とは個別の存在で、その実現のために周囲を操作する「邪心」ある存在と見る傾向が強く残っている。そのため、依然として、赤ん坊の甘えた態度をあまり許容しようとしないのである。

これは、能利を人間の本質と見る人間観にほかならない。

一方、受利下では、原理的には、誰もが利益を他者から供与されるだけであるから、他者の利益を能動的に侵害しようとする者はいないことになる。

したがってその人間観は、自らの欲望の充足のために他者の利益を侵害するような可能性は持たないという、人間性善観で良いことになる。

それを反映して、受利社会を形成・維持するためには、高く理念、主義、理想を掲げ厳しくルール、法に従わせようとする父性原理の必要はない。人を一つの理念、理想、主義などで「切断」しない、母性原理でよいのであった。

たとえば、ベネディクトも50年前に、以下のように日本人の人間性善観を観察していた。

日本人は……彼らの哲学に従えば、人間はその心の奥底においては善である。もし衝動がそのまま直ちに行為となって現れうるならば、人間はやすやすと徳行を行うことができる。(『菊と刀』)

「罪の文化」を「恥の文化」より優位と見ていたアメリカ人のベネディクトは、おそらく人間性悪説(観)に立っていた。そのために、日本人の人間性善説(観)を特異なあり方として、興味深く観察したものと思われる。

そして既に述べたように、日本人の育児法も、欲しがるときはいつでも授乳し、夜泣きは直ちに抱っこ、あらゆる「要求」は母親によって一刻も早く対応、世話がなされるというものであった。その基底には、赤ん坊は、つまり人間の本性は純真無垢なもの、という人間性善観が存在していると、恒吉氏も述べている(『人間形成の日米比較』)。

なお、付言すると、ベネディクトは日本人の人間性善観を、欧米人の見方とは逆のものとして興味深く観察はしたが、その由来を説明していない。

この点、本書における一般的な利益獲得の二つの方法論からは、人間性悪観は能利を反映した人間観、人間性善観は受利を反映した人間観として、その由来を説明できるのではないかと思われる。

8　格差是正の二つの方法

(1) 社会的所得再分配

結果不平等=格差は、正に能利そのものと表裏している。

この格差を社会的に是正するものに、租税制度(累進課税、相続税)、社会保障給付(公的年金、生活保護、医療、介護)などによる社会的な所得再分配がある。

しかし高率の所得再分配は、能利、そして個人の「自立」を否定する側面があるとして、能利社会では大反対されるのである。

たとえば、2010年3月にやっと成立したアメリカ・オバマ政権の医療保険制度改革法案である。これは、医療費を払えない無保険者をなくすため、税金を投入して国民の9割に医療保険加入を義務付けるものである。伝統的に所得再分配そのものへの抵抗が大きいアメリカにおいては、画期的なものである。しかしその内容は、公的な医療保険制度案は早々と否定され、税金を使って民間医療保険会社へ強制加入させるものであるなど、日本などの公的医療保険制度による国民皆保険とはほど遠いものである。それにもかかわらず、共和党、さらには一般市民も加えた強い抵抗が起きた。

それは、国民の自由を奪い医療保険に強制加入させることはアメリカの精神に反しており、また民間医療保険業界への政府の規制強化は市場の自由の原則に反する、という考えがあるからである。共和党系の26の州知事が訴訟を起こし、一部の連邦高裁では違憲判決も出たため、2011年11月にオバマ政権は最高裁へと上訴している。そして、高額所得者とも思われない多数の一般市民も、「アメリカ社会を共産化するな！」「アメリカ社会、アメリカ精神を守れ！」などと叫んで、極めて強い抵抗を示しているのである。

先進国のほとんどで公的医療保険制度が導入されている現在においても生ずるこれらの反応は、社会保障給付（医療保険）という所得再分配によって、アメリカ社会の本質である能利、そして「自立」が脅かされることへの、本能的ともいうべき強い抵抗ではなかろうかと思われる。

(2) 寄付・ボランティア活動の役割

しかし格差があまり大きいと、階層分化が固定化し、低所得者の不満を増大させて社会不安を招くので、何らかの是正が必要である。

そこで、所得再分配によらない、能利に反しない格差是正として考えられるのが、富裕者個人の自由意志による莫大な寄付や、個人による無償のボランティア活動といった理念的行為であろう。

というのも、これらは確かに他者への利益供与ではあるが、それを補って余りある、能利社会が推奨して止まないところの、理念性、正義、そして自由を獲得、実現できるからである。アメリカ社会で高額寄付やボランティアが盛んである所以である。

その例は枚挙にいとまがないが、アイコンとしては、たとえばハリウッド女優のアンジェリーナ・ジョリーである。

彼女はエイズ撲滅運動などの多くの慈善事業を行い、国連難民高等弁務官事務所の親善大使を務めている。また途上国の孤児を複数養子とし、近年では２０１０年のハイチ大地震の際に、国境無き医師団へ１億円近い寄付を行っている。

しかし彼女は映画女優としては世界一のギャラを得ており（２０１１年）、映画一本当たりのギャラは15～20億円といわれる。またたとえば、「夫」の俳優ブラッド・ピットとの間の双子出産時の独占インタビュー権売却で約13億を得るなどしている。６人の子育て費用は年間約８億円で、そのうち家族のファーストクラスの航空運賃と宿泊費に４億円以上、ベビーシッターに約１億円支払っているという（Movie Walker, 2011. 5. 3）。

超高額所得のセレブリティによる高額寄付および慈善事業、そのどこがいけないのかといわんばかりである。

しかし同時に、彼ら高額所得者は、高累進課税や社会保障給付などによる所得再分配には、その最も高い価値を置く自由、「自立」すなわち能利を、依存や非「自立」により損なってはならないと、徹底反対をするのである。

一方、受利はもともと結果平等を目指す利益獲得方法であるから、受利社会では格差そのものが少ない。さらに高累進課税や社会保障給付などによる所得再分配も、それは社会的に受利部分を増やすことであるから、導入に抵抗は少ない。

事実、日本は「一億総中流」、自由主義国家でありながら「最も成功した社会主義国家」などといわれたように、結果平等が相当程度実現されてきた社会であった。それはやはり高額所得者への高累進課税、高相続税、そして国民皆保険、年金皆加入などによる所得再分配が行われてきたからである。さらに、より根本的には、他者からの利益供与により利益獲得するという受利に、日本社会が沿ってきたからである。

しかし同時に、日本社会では無償の理念的行為である寄付や、ボランティア活動はそう多くなかった。

それは、社会的な所得再分配が十分行われていたので、加えて個人による寄付やボランティアをする必要がそれほどなかったという事情があるだろう。

さらには、受利社会においては、無償の利益供与が、その基本的なルールである「金銭貸借関係」にそぐわないという側面もあり、促進されなかったのではないか。

また受利社会では、理念性、主義、正義などを能利社会のように強調する必要がなく、それほど高く評価されないことの影響もあったと思われる。

以上のように、格差是正の方法には大きく、個人（法人）の自由意志による理念的な無償の利益供与（寄付やボランティアなど）による方法と、租税制度（累進課税、相続税など）や社会保障制度（公的年金、医療、介護など）による社会的な所得再分配による方法が考えられる。

単純素朴な感想としては、個人の自由意志による寄付やボランティアがより賞賛されるべき、という印象を持つ。しかしこれは、たとえばアメリカのように、所得再分配が十分に行われていない社会における必要事という側面もある。

つまり、格差是正の方法だけを取り上げて、その優劣を述べることは適切とは思われない。最適の方法は、能利か受利かという、各社会の採用するそれぞれの利益獲得方法によって異なるからである。したがって格差是正の方法は、各社会が能利を基本とするか、受利を基本とするか、によって評価すべきものなのである。

9 「わび」「さび」「もののあわれ」VS「ディズニーランド」

(1) 「わび」「さび」「もののあわれ」

伝統的な日本的審美感に、「わび」「さび」「もののあわれ」がある。

ここで「わび」とは、『大辞林』によると「飾りやおごりを捨てた、ひっそりとした枯淡な味わい」である。漢字では「侘び」と書き、本来粗末、簡素、そして貧しい様子の中に、質的、美的に優れたものを見る美意識である。

特に茶道の中で、高価で華美な唐物とは対照的に、粗末でありふれた日常の道具や貧しいものに、虚飾を排したそこはかとない静寂や美が見出されていった。そしてやがて、茶道の根本的美意識、さらには日本を代表する美意識である「わび」となっていったのである。

また「さび」とは、同じく『大辞林』によると、「古びて趣のあること。閑寂の趣。枯れて渋みのあること」である。漢字では「寂」と書き、本来時間の経過とともに劣化し、人がいなくなった静かな状態を指したが、外見からはうかがえない古いものの内面からにじみ出てくるような美意識をいう。

特に俳諧の中で古びた様子に味わいのある美を見出していったもので、能楽において理論化されるなど、日本を代表する美意識となった。

さらに「もののあわれ」とは、同じく『大辞林』によると、外界のさまざまな事物に触れあって生ずる、「しみじみとした情緒や哀感」のことである。特に、はかないものやうつろいゆくものに美を感じ、それをいとおしく思う感性のことである。本居宣長によると『源氏物語』などの平安文学にその達成が見られ、俳諧や茶道にも通ずるところの、これもまた日本を代表する美意識のひとつである。

このように、「わび」は華美さや虚飾をさけた閑寂で質素な趣のことで、「さび」は外面に表れない古いものの内側にある枯れた味わいのある趣、「もののあわれ」もはかないうつろいゆくものへのしみじみとした情緒や哀感であり、いずれも、あからさまな欲望、欲求の実現を抑えたところに情緒や趣を見る態度といえそうに思われる。

すなわち、これら伝統的な日本の審美感はいずれも、あからさまな欲望、欲求を抑え、自ら能動的に利益獲得しない、あるいはできないあり方の中に見出しえる日本に独特の審美感であり、受利のあり方に見出しえる意識といえるのではないかと思われる。

(2)「ディズニーランド」

一方、これらに最も対極的と思われるのは、アメリカ発祥の「ディズニーランド」である。ここでは、100パーセント以上に欲望、欲求を満たさんとするあからさまな楽しさ、面白さ、快適さが実現されている。

「ディズニーランド」は、いったん正面ゲートをくぐれば、日常や現実から切り離された架空の世界、おとぎの国のゲストになることができる。

そこには、他のどのような場所でも得られない感動や興奮が経験できるよう、最高の設備、豪華さを誇るさまざまなアトラクションが、これでもかというほどに数多く用意されている。

そして夢の楽園をこの世に実現させるべく、貧しいもの、汚いもの、古く寂しさを感じさせるようなものが少しも混入してこないよう、すべてが徹底した人工物で造成されている。「ディズニーランド」では、日本的な審美感である「わび」「さび」「もののあわれ」などは、微塵も見られない。「ディズニーランド」へ行こうというときゲストは、100パーセント以上の感動と興奮、楽しさ、面白さ、快適さを満喫すべく訪れるのである。安全・清潔で、明るく、華美で、豪華な、人工美の世界、冒険とファンタジーの世界が構築されているのである。

筆者は世紀の変わる年にフロリダのディズニーワールドに滞在したことがあった。

20世紀の最後の夜の11時頃に、そのテーマパークのひとつであるマジックキングダムへ行ってみたのだが、そこは既に世界中からのゲストで溢れかえっていた。

マジックキングダムはディズニーワールドのほぼ中央に位置するので、派手なカウントダウンに引き続いて新世紀の新年が始まった瞬間には、周囲の他のテーマパークから一斉に打ち上げられた数え切れないほどの花火を一望できた。

それは、360度の全方向から絶え間なく打ち上げられるという、日本のどの花火大会でも経験したことのない、大スケール、豪華絢爛なもので、新世紀が始まったという感慨も重なって、思わず涙が出るほどに感動的で贅沢なものだった。

しかしながら、この経験したことのない豪華絢爛さ、楽しさ、贅沢さへの感慨とともに、受利の日本社会から訪れた者としては、こんな快楽や贅沢三昧を繰り返していると、いつか何かしらの天罰が下るのではないか、などと感じてしまったことも覚えている。

このような「ディズニーランド」のあり方の基礎には、欲望の充足に罪悪感を持たぬばかりか、欲望の充足によってこそ自己実現が成される、欲望は神聖で誰にも邪魔されるべきものではない、という「聖なる欲望」(作田啓一『個人主義の運命』)の考えがあると見てよいだろう。

すなわち「ディズニーランド」は、能動的に欲する利益(精神的、物質的)を獲得するという能利を、直接的、全面的に肯定するところに見出される価値意識、美意識を、この世に体現しているのではないかと思われる。

「ディズニーランド」は、アメリカ人の聖地、アメリカ人の精神ともいわれるほどに、神聖にして精神的な価値を帯びているといわれる（能登路雅子『ディズニーランドという聖地』）。資本主義とは、消費者の欲望を察知しそれを無限に拡張し、それを満たす物品や商品を供給するために投資を続けるシステムである（佐伯啓思『「欲望」と資本主義』）。資本主義の本家ともいうべきアメリカで生まれた「ディズニーランド」こそは、こうした資本主義、消費主義、そして物質主義の権化というべき存在であり、だからこそ聖地なのであるといってよいだろう。

伝統的な日本的審美感である「わび」「さび」「もののあわれ」は、日本人の精神の基底に受利があることを示唆しているものと思われるのに対して、アメリカ人の聖地、精神ともいわれる「ディズニーランド」的なものは、アメリカ人の精神の基礎に能利があることを示唆するものと思われる。

そしてこれらは、相互に相容れないほどに対極的な美意識、精神性、価値意識を表している。これは、その基礎と思われる受利と能利が、二つの対極的な利益獲得方法であることに由来しているのではないかと思われるのである。

10　能利社会・アメリカVS受利社会・日本

最後に、本章の議論をまとめてみたい。

（1）能利社会

①　能利社会では、社会的に能利を実現するためにも自由、機会平等が第一に主張される。社会の中における個人のあり方としては「自立（independence）」（＝必要な利益は自ら能利できていること）が求められる。

そして、各人の能力を反映した結果不平等（格差）は、能利そのものの顕れといえる。

②　能利を摩擦なく行うために、プレゼンテーション技法、ディベート術、アサーション（自己表現）技法など言語的コミュニケーションの洗練が推進された。一方では、非言語的コミュニケーションはわかりにくいコミュニケーションとして肯定的に評価されず、十分教育もされないと思われる。

③　能利ゆえに「万人による万人に対する闘争」に陥らぬよう、ルール、法そしてその基盤で

ある理念性、正義が高く掲げられる。そして、これに反するものは厳しく罰する父性原理（父性神）が社会に浸透していると考えられる。

その基底には、人は互いに利益を奪い合うものという、人間性悪観がある。

④ 悪行に対しては、人に許してもらうのではなく、自ら罰するという罪意識で自らの行動を律することが求められる。いわゆる「罪の文化」である。これは、能利実現に不可欠な、自由、「自立」、あるいは自律を堅持するためと考えられる。

⑤ 格差（結果不平等）は能利そのものの顕れであるから、その是正には、能利を否定しかねない社会的な所得再分配ではない方法が求められる。すなわち、個人の自由意志による寄付、ボランティアなどの無償の利益供与が、理念的行為としても大いに賞揚される。

この影響も受けて、親切（＝利益供与）に対しては「ありがとう（Thank you）」と感謝するだけで利益返済はしない、というマナーが浸透していると考えられる。

累進課税、相続税や社会保障給付などによる、社会的な所得再分配の増大に対しては、依存によって人々の「自立」（＝能利）を否定する可能性があるものとして、ひどく抵抗される社会でもある。

⑥ この社会の精神性、価値観は、「ディズニーランド」に象徴されるあからさまな楽しさ、面白さ、快適さの追求、さらに「聖なる欲望」の考え方にみることができる。そしてこれには、能利の精神が基礎にあると考えられる。

以上に述べたような能利社会の諸特徴の多くが、アメリカ社会において認められる。これはアメリカ社会が、能動的利益獲得を利益獲得の方法として採用してきた能利社会であることを示唆するものと思われる。

(2) 受利社会

① 受利社会では、他者から利益供与されるかたちで利益獲得するということからも、周囲との協調、「和」そして秩序ある「タテ社会」が重要視される。個人のあり方としては、他者からの利益供与を前提とする姿勢である「甘え」(「依存 (dependence)」)が、適応的と考えられる。また、結果不平等を必然とする能利に対し、受利はそもそも結果平等を目指す利益獲得方法といえる。

② 受利を維持、発展させるために、非言語的なサインにも可能な限り気を配る他者への配慮、「思いやり」、空気を読むこと、以心伝心など、非言語的コミュニケーションの粋を極めることが求められる。

その反面、言語的コミュニケーションを介した利益獲得は、露骨で表面的、慎みや深みがないなどと肯定的に評価されない傾向があり、「男は黙って……」などの不言実行的態度の方が評価される。

③　受利社会では基本的に、自ら能動的に利益獲得ができない。そのために、他者からの親切などの利益供与（これは即物的には他者の損失）に対しては、等価返済で他者の損失を穴埋めする「金銭貸借関係」が、基本的ルールとなっている。

親切に対しては、直ちに等価返済できないので、「すみません（I'm sorry）（＝返済が済みません）」と応ずる必要がある。

④　また、人々を「切断」して結果不平等を生じかねない厳しいルール、法や、その基盤となる強い理念性、主義、正義は好まれなかった。社会の運営には、強い理念性、主義、正義よりも、協調、「和」がより適切であった。

すなわち、受利社会では、理念性、主義、正義に反してもこれを強くは罰しないという母性原理（母性神）が浸透した。これらの基底には、人は他者の利益を能動的に奪うことはないという、正に受利というべき人間性善観があると考えられる。

⑤　悪行に対しては、理念性、正義などの内的規範によるよりは、周囲の思惑、評価などによって自らを律するという、恥意識により対処することがより評価される。いわゆる「恥の文化」である。

つまり、受利から一貫する、周囲との協調、「和」、あるいは周囲の思惑、評価によって自らの行動を律するという、非「自立」的生き方の堅持が求められるのである。

⑥　受利の目的として結果平等が目指されているので、受利社会では格差自体が少なかった。それは高率の累進課税や相続税、社会保障給付などによる、社会的な所得再分配によって実現された。

その一方では、寄付、ボランティアなどの個人の自由意志による無償の利益供与、理念的行為が、社会的にそれほど必要とされず、また評価もされない社会といえる。

⑦　その社会の精神性、価値観などは、伝統的な日本の審美感である「わび」「さび」「もののあわれ」などに最もよく表れる。これらは、あからさまな欲望の実現を抑えたところに認める美意識や精神性であり、その基礎に受利の精神を持つ美意識だと思われる。

以上のような受利社会の諸特徴の多くは、日本において認められる。これは日本社会が、長く受動的利益獲得を利益獲得方法としてより採用してきた受利社会であることを示唆しているものと思われる。

ベネディクトは、半世紀以上前に、既に、日本社会の本質が能利を否定した受利であることを示唆している。すなわち、日本人はその世界を支配する第一の徳目に「まこと」を挙げていると指摘した後、次のように述べた。

「まこと」は私利を追求しない人間を誉める言葉としてたえず用いられる。このことは日本人の倫理が、利潤を得ることを非常に悪いことと考えていることの反映である。利潤――それが階層制度の当然の結果でない場合には――不当な搾取の結果であると判断される。……そのような人間は常に、「まことのない人間」と言われる（『菊と刀』）。

第3章　能利は個人主義、受利は集団主義

1　個人主義と集団主義

個人主義／集団主義というのは、社会心理学者、G・ホフステード（『多文化世界』）やH・C・トリアンディス（『個人主義と集団主義』）などの研究を見ると、社会を考える上で最も基本的かつ有効なひとつの観方、対立軸といえるようである。

そこでこの個人主義／集団主義と、本書の能利／受利との関係について説明しておきたい。

（1）個人主義と集団主義の定義

まず、個人主義、集団主義の定義であるが、最もシンプルかつ明快なのがホフステードによるものである。

つまり、個人主義とは「個人の利益が集団の利益よりも優先されるという考え」である。そして、集団主義とは「個人の利益が集団の利益よりも優先されないという考え」である。

さらにその実態を知るには、具体例を考えるのがよいだろう。

たとえば、1人が一日1個以上のパンを必要とする場合を考えよう。

その場合に、5人いてパンが5個あるとき、ある人が2個（以上）のパンを獲得してしまうのが個人主義である。

この場合、残り3個を他の4人で分け合うしかなく、平均すると1人0・75個となる。1個以上必要なのに他の人が平均1個以下になってしまうのだから、1人で2個以上を獲ってしまった人はまことに身勝手、利己的、そして個人主義的といえるだろう。

すなわち、個人主義とは、ある人X_0の利益P_0が他の人々の個々の利益P_i（$i=1, 2, 3, \cdots$）を上回ってもよい（$P_0 > P_i$ でよい）、という考えをいう。結果不平等、あるいは格差の肯定である。

ちなみにこの場合、残りのパンの総量は3個であるから、その集団のX_0以外の人々のパンの総計は、この個人主義的な人のパン2個よりも多い。つまり、個人主義の定義における「個人の利益」と比較した「集団の利益」とは、X_oを除く集団内の個々人の利益P_i（あるいはその平均）のことで、その総和ではない。

一方、集団主義とは、ある人が1個以下のパンを取得する、という場合である。

このとき他の4人は4個以上のパンを分け合うことになり、平均すると1人1個以上のパンを得ることができ、集団の利益が優先されたと感じられる。

つまり、集団主義とは、ある人X_oの利益P_oが、他の人々の個々の利益P_iを上回らないようにする（$P_o \leqq P_i$）という考えである。

そして、集団主義においても、「個人の利益」と比較して優先させる「集団の利益」とは、X_oを除く集団内の個々人の利益（あるいはその平均）のことで、利益の総和ではない。

さらに集団主義の場合、同じ集団主義の中で生きる他の人X_iにとっても、$P_i \leqq P_o$であらねばならないから、先の$P_o \leqq P_i$とこの$P_i \leqq P_o$の両方を満たすのは、$P_o = P_i$の場合だけである。

つまり集団主義は、結果平等を目指す考え方である。

なお、個人主義の場合、$P_o > P_i$と$P_i > P_o$の両方を満たす関係はない。格差が残るのである。

（2）個人主義社会、集団主義社会の特徴

ホフステードが調査したところによると、個人主義社会（個人主義が優位な社会）に生きる人々には、次のような特徴が見られた（『多文化世界』）。

「私は」という視点から物事を見る。
心の内を正直に語る人こそ誠実。
不法行為は罪の意識を生む。
個人が自己の利益を追求することが基本にある。
自己実現が究極の目的。

そしてその社会の特徴は以下だった。

結果平等より自由－機会平等が優先される。
集団より個人の利害が優先される。
組織と個人は契約関係にある。

職務が人間関係より優先される。
評価は個人の能力・技量と規則によってのみ行われる。
法と権利は普遍的なもの。
報道の自由。
一人当たりの国民総生産は高い。

一方、集団主義が優位な集団主義社会における人々は、次の特徴を持っていた。

「われわれは」という視点から物事を見る。
調和が重要。
不法行為は恥意識を生ずる。
社会の調和と合意が究極の目的。

そして、その社会の特徴は以下だった。

自由‐機会平等より結果平等が優先される。
個人より集団の利害が優先される。

組織と個人は家族と同じく道徳的な観点から見られる。

人間関係が職務より優先される。

評価は内集団での情報が考慮される。

法と権利は集団による。

報道の自由は管理下にある。

一人当たりの国民総生産は低い。

2　個人主義／集団主義と能利／受利

前節の説明によるなら、個人主義／集団主義とは、個人と集団、すなわち社会において利益がどのように分配されるべきか、についての考えといえよう。

そしてこれらはお互いに相反する性質を持っている。

すなわち、個人主義／集団主義は、利益が個人と集団にどう分配されるべきかについての、二つの対極的な社会的利益分配システム（あるいは論）といってよいように思われる。

一方、本書の能利と受利は、二つの対極的な個人の利益獲得方法だった。

（1）個人主義に適合的な個人の利益獲得方法＝能利

結論から述べると、個人主義に適合的ないし対応する個人の利益獲得方法は受利ではなく、能利だろう。というのも、個人による利益獲得方法は二つしかなく、そのどちらかが優位になるが、個人主義の$P_o > P_i$は、能利によって実現しやすく、対する他者から利益供与されるのみという受利によっては実現しにくいからである。

また個人主義の結果不平等＝格差は、能利に表裏するともいうべきあり方である。

実際、ホフステードが調べた個人主義社会の特徴の多くが、能利から導かれるものでもある。

そしてそこに生きる人々の諸特徴も、ほぼ前章において能利から導いたところのものである。

（2）集団主義に適合的な個人の利益獲得方法＝受利

一方、集団主義に適合的あるいは対応する個人の利益獲得方法は受利だろう。というのも、集団主義の$P_o \leqq P_i$は受利によってより実現しやすく、対する利益を能動的に獲得していく能利では、これから逸脱しやすいからである。

また、集団主義が目指すことになる結果平等（$P_o = P_i$）も、正に受利の目的とするところのものだからである。

実際に、ホフステードが調べた集団主義社会の特徴の多くが、受利から導かれるものでもある。そしてそこに生きる人々の諸特徴も、前章において受利から導いたところのものかそれに類縁のものである。

第4章　現代日本社会の位置――受利社会から能利社会へ

前章まで、日本を受利社会の典型と考えて論じてきた。そして、その「証拠」をいろいろ挙げてきた。日本は受利社会の部分がまだまだ大きい。

しかし、社会は変化していく。

そこで本章では、受利‐能利の軸上で、最近の日本社会の変化を測量してみることとしたい。

1　社会、経済、政治、制度上の変化

(1) 累進課税率や相続税率の低減化、年功序列と終身雇用から成果主義と雇用の流動化へ

小泉政権時代（2001年～2006年）には、最大所得税率が75パーセントから37パーセントへ、最大相続税率は75パーセントから50パーセントへと、アメリカ並みに引き下げられた。これは、既に述べたように、能利の比率を強めた施策である。

一方、1990年代のバブル経済崩壊まで、日本の特に大手企業で守られてきたのが、年功序列、定期昇給、終身雇用などであった。そしてこれらは、既述のとおり、受利性の強い制度であった。

しかしこれが、90年代のバブル経済崩壊後の構造改革やグローバル化により後退しつつある。つまり成果主義や年俸制の導入、雇用の流動化（非正規雇用拡大、リストラ、転職）の増大などである。成果主義、年俸制は能利性の強い制度である。また雇用の流動化も、ヘッドハンティングなどによる転職（あるいはリストラ）や非正規雇用拡大により、能力に応じた高収入（あるいは低

収入）を得ることで、能利性が高まる。

このようにして、日本社会の能利比率は増大しつつある。

そして、これら受利‐能利軸上の能利方向への移行は、バブル経済崩壊までの「一億総中流」社会から、２０００年代の格差社会、「勝ち組・負け組」社会をもたらした。

これは能利化の必然としての、結果不平等の顕れといえよう。

ただし、たとえば成果主義の導入などは、まだ一気に欧米並みとはなっていない。

それは、成果主義導入の先頭を切った富士通などの業績不振から、多くの企業で、成果主義の日本版ともいうべき「変種成果主義」（アエラ 2005. 6. 13）へと修正されているからである。

この「変種成果主義」というのは、本来の成果主義が持っていないはずの内容を混入させ、日本的に修正されたものである。すなわち、終身雇用は守る、個人の成果だけでなく組織への協調度、そして努力過程も評価する、などの内容が混入されているのである。

しかし、成果主義の旗はもう降ろされることはなく、特にこれまでの年功序列や定期昇給を維持する企業は明らかに減少傾向にある。

ただし、こうした能利方向への移行傾向の中で、それを是正しようと、能利から受利へという逆方向の動きも生じていないわけではない。

たとえば、２００９年９月の政権交代で実現した民主党による子ども手当、農家への所得保障、郵政民営化修正案（暗黙の政府保証のある郵貯預金限度額引き上げ、日本郵政への政府の出資比率３

分の1超、非正規社員の正社員化）などの動きである。これらは、所得再分配と競争の抑制に相当し、受利－能利軸上で受利へ回帰する方向の施策である。

しかしながらこのような動きは大きな潮流とはなりえていない。バブル経済崩壊以後の日本社会は、全体的に受利から能利への大きな移行傾向の流れの中にあると思われる。

（2）談合、派閥の衰退、あるいは刑法の厳罰化

日本の商習慣として、かつては談合を代表とする仲間内での調整が当然のように行われていた。談合は、自由競争を排除し、仲間内で利益を相互に供与し合うのであるから、（仲間内では）受利部分の大きいシステムであった。

これが現在は犯罪（談合罪）として禁止されている。誰もが利益獲得に参加できる機会平等と自由競争、つまり能利部分の拡大である。

ごく数年前までは、「談合、なぜ悪い」「談合（調整）が必要なこともある」「中小企業が助け合う『良い談合』を推奨する」などと述べる政治家もいた（２００９年10月、民主党連立政権の亀井静香金融相の「良い談合」論）。現在でも、官製談合がときに明るみに出ることがある。

しかし、これらは既に明らかな犯罪（独占禁止法、刑法の競争入札妨害罪（談合罪）違反）とされ、これらが表立って社会的に容認されることはもはやないのではないかと思われる。

政治の世界に目を転じると、かつての自民党政治に見られたように、派閥が力を有していた。すなわち、党首班は個人の政治理念、定見、能力などではなく、派閥の大小で決められ、閣僚人事なども派閥均衡で決められた。派閥は、人事、カネ、政策のすべてを左右してきたのである。しかし、そもそもこの絶大な力を有した派閥への所属は、政治理念や個人の能力によって決められるものではなかった。出身地、出身大学（同窓会）、師弟関係、縁故など、理念や能力とはあまり関係のない事柄により決められることが多かった。

そして、その派閥首領の選ばれ方も、調整的人物、血筋の良い人物、当選回数が多い人物などが、周囲から推されてなるということが多かった。自らの優れた政治理念、主義、能力を掲げて首領の地位を争う、という傾向は少なかった。

派閥均衡による閣僚人事もまた、個人の政治理念、定見、能力ではなく、当選回数などの年功序列的なものから決められることが多かった。

すなわち派閥は、その非理念性と利益（ポスト）獲得の相互利他的性格から、より受利に沿った政治形態と思われる。

それが特にバブル経済崩壊後の小泉政権以降、弱体化した。

それは、政治資金規正法の改正により派閥独自の資金集めが難しくなったからである。さらに人事の派閥推薦が行われず、政策も派閥横断の政務調査会が中心となるなど、派閥のかつての主要な機能がいずれも弱体化させられたからである。

そして、それに呼応するかのように、各政党はマニフェスト（政治理念、公約）やアジェンダ（行動計画）を掲げるようになり、それにより支持政党、議員や政治そのものが決められる、という傾向が増大しつつある。このマニフェストやアジェンダの重視は、政治理念、主義、ポリシーの重視にほかならない。これは能利社会における、理念性、主義主張の重視を反映するものと思われる。

もはや、派閥間の調整により選ばれるような党首班が、国民によって支持されることはない。首班指名も、政治理念を闘わせての党内党員選挙で選ばれることが求められている。

急速な派閥政治の弱体化には、受利部分の衰退と、これに表裏する能利部分の伸張がうかがわれる。政治の世界においても、受利‐能利の軸上で、能利への移行傾向が顕れつつあるのではないだろうか。

また、法制度上では、刑法の厳罰化が挙げられる。

たとえば、2001年の少年法の改正‐厳罰化である。すなわち、刑事罰対象の14歳以上への引き下げ、家裁での検察官参加、刑事事件化促進や量刑の重度化などを内容とする改正である。

これは、近年の凶悪な少年犯罪に対応して、法、正義、理念を守らせる厳罰化が求められた結果と思われる。すなわち、名古屋のアベックリンチ殺人事件（1988年）、足立区綾瀬の女子高生コンクリート殺人事件（1989年）、市川一家4人殺人事件（1992年）、大阪・愛知・岐阜連続リンチ殺人事件（1994年）そして光市母子殺人事件（1999年）などに見る、凶悪な少年犯罪への対応である。

刑法の厳罰化は他にも、2001年の危険運転致死傷罪などの交通事犯（飲酒運転、危険運転など）に対する厳罰化、2004年の刑法改正による殺人・強姦などの凶悪犯罪への厳罰化などにも顕れている。

かつて日本は、諸外国と比較しても、殺人などの凶悪犯罪への刑罰が軽く（殺人罪で3年の有期刑があるのは日本だけ）、特に少年犯罪に関しては、「処罰より教育を」と加害者に寛大な処置が行われてきた。

これは受利社会における母性原理の反映であったように思われる。

しかし、特にバブル経済崩壊前後、犯罪の凶悪化がいわれるようになり（平成12、15、21年度警察白書、影山任佐「現代日本の犯罪と現代社会」）、それに呼応して、厳罰化が求められるようになった。それは、2004年以降の死刑判決の急増と執行猶予刑の減少、などにうかがえる。

たとえば、その凶悪性で当時社会を震撼させた、名古屋のアベックリンチ殺人事件（1988年）は、主犯が当時19歳と17歳であった未成年者5名と20歳の男により引き起こされた殺人事件である。彼らは強盗目的で、デート中の若いアベックを襲い、男性を鉄パイプ、木刀で殴打した上ロープで絞殺、女性を繰り返し輪姦した後、拉致し、男性と同じく最後には絞殺した。女性は恋人の男性を埋めた穴の前でその遺体と直面させられた後、全裸に近い姿でロープを首に巻かれ、少年たちに「綱引き」の要領で反対方向へロープを力一杯引っ張られて絞殺される、という悲惨な事件だった。

一審で主犯の2名は死刑と無期懲役とされたが、二審では無期懲役と懲役17年にそれぞれ減刑された。他の犯人は数年の有期刑だった。

その翌年の、足立区綾瀬の女子高生コンクリート殺人事件（1989年）は、主犯格の19歳と準主犯格の17歳の男を含めた未成年者7名により引き起こされた猥褻誘拐、監禁、強姦、殺人、死体遺棄事件である。彼らはひったくり、強姦目的でたまたま通りかかった女子高校3年生を脅迫、強姦の上、彼らの一人の自宅へと拉致、監禁した。41日間にわたり、輪姦、性器への異物挿入、裸踊りや自慰の強要などの性的暴行、鉄球付き棒での全身殴打、タバコの火等による火傷、ライターオイルで足に火をつける、顔面に蝋を垂らすなどの肉体的暴行を繰り返した。そして十分な食事も与えずに、衰弱、暴行死させた後は、遺体をドラム缶内にコンクリート詰めにして江東区内の埋立地に遺棄した。遺体は長時間にわたる暴行とストレスのため痩せこけ、皮下脂肪は半分以下、頭髪は抜け落ち、顔面を含む全身に打撲と火傷の跡、膣には小瓶2本が入ったまま、という凄惨なものだった。

一審で少年たちは「人間だと思っていなかった」「やっているときは何も思っていなかったし、終わった後も何も思わない」などと陳述、主犯格の男に懲役17年（求刑無期懲役）、準主犯格に懲役5年以上10年以下などの判決が下された。二審では主犯格は懲役20年などとされたが、2008年の時点で既に全員が出所している。

この二事件は当時、未成年者の犯罪がここまで凶悪化したのか、と社会を震撼させた事件だった。そしてそれ以後の少年犯罪に対する厳罰化を社会に決意させる嚆矢となったともいうべき事件と思われた。

上記の少年犯罪の内容などからは、能利における利益獲得がルールなく反省もないかたちで拡大し、モラルハザードをきたしている状況が見て取れるように思われる。

これらに対する従来の法律の専門家による処罰規定は、国民感情からすると寛大に過ぎ、このような犯罪の凶悪化に対して、それ以後社会は厳罰化で臨んだのである。

これは能利傾向の拡大に応じた、社会におけるルール、法、そして理念性、正義の重視と、これに反する者への懲罰強化のかたちで、父性原理の増大傾向が顕れつつあるものと思われる。

結局、こうしたバブル経済崩壊に前後して目立つようになってきた凶悪な犯罪と刑法の厳罰化は、ともに能利傾向の増大を意味するものと思われる。

(3) 世間の衰退

社会一般では、世間の衰退が指摘できる。

かつて世間を成り立たせてきた地域共同体はほぼ崩壊し、会社共同体も成果主義、雇用の流動化、社内厚生施設や行事の廃止などにより衰退し、家族共同体も後退しつつある。

たとえば、街中でキスをしたり、電車内で化粧をしたり、携帯電話の使用、さらには飲食までしてしまうことなどは、もはや珍しいことではなくなった。これらは、自宅を出てしまうと、そこには視線を気にする世間がもはや存在しなくなっていることを意味している。

ところで、この世間とは何か、については、はっきりとした定義はまだ確立されていないようである。これを「世間学」として取り上げた中世ドイツ歴史学者・阿部謹也氏（故人）も、定義ではなく、「日本の世間、あるいは世間の人々というときは、自分と関係がある、利害関係を持っている、そういう人間であって、今後利害関係を持つであろう人も含めた人間の集団の全体をいいます」（阿部謹也編著『世間学への招待』）とした後、その基本的性質を述べているだけである。すなわち世間の性質として、「贈与・互酬の関係」「長幼の序」「共通の時間意識」「差別的で排他的」などを挙げている（阿部謹也『「世間」とは何か』）。

ここで「贈与・互酬の関係」とは、「お互い様、持ちつ持たれつ、もらったら必ず返す」という関係である。このお返しをしないと、義理を欠いて世間からつまはじきにされる。（等価）返礼が事実上義務化しているのである。

これは相互依存、相互扶助的な人間関係を表し、利益供与‐義理‐（等価）返礼が連続の関係にあることを示している。つまりこれは、ベネディクトが述べ本書でも説明したところの、相互利他、そして「金銭貸借関係」（等価返済）に相当すると思われる。「贈与・互酬の関係」は、受利社会の顕れであると考えられる。

次に「長幼の序」とは、年長者を年少者より上（先）にする秩序のことで、社会でいえば競争のない年功序列、つまり既に述べた「タテ社会」ということになろう。これも、能利を排し受利で社会を営む、受利社会の顕れと見ることができる。

さらに「共通の時間意識」とは、共通の過去を生きたとして「先日はありがとうございました」と言い、同じ未来を生きるとして「今後ともよろしくお願いします」と挨拶することに見られる、共通の時間意識とされる。しかしこれらも内容としては、時間意識というよりは受利における「金銭貸借関係」や相互利他の関係を続けますよ、という表明であるから、受利社会にあることを示す意識といえよう。

そして「差別的で排他的」というのは、阿部氏が『世間』はそれ自体が差別的体系であり、閉鎖的性格をもっている」と説明するように、世間が閉鎖的・集団主義的であることを示す性質である。そしてこれも、受利社会の特徴と考えられる。

というのも、受利し合う対象は、供与利益レベルに応じて、相互利他し合うということが可能となる有限な対象にならざるを得ない。どうしても集団を形成し、その集団外に対してはその集団の供与利益レベルに相当するような利益供与はしない（できない）からである。さらに受利は、そもそも集団主義に適合する利益獲得方法であるからである。

以上の検討からは、阿部氏が挙げた世間についての最も基本的な諸性質が、すべて受利社会ということから説明できるようである。したがって、世間とは「受利が行われている集団あるいは受利社会」と定義するのが、最も簡潔かつ明確のように思われる。

一方、この世間に対比されることの多い、明治以後に西欧から導入された「社会」とは、独立し自由な個人が契約、法、理念などにもとづいて形成する集団のことである。集団から自由、独立的な個人の利益獲得方法は、能利と考えられる。また、契約、法、理念により形成される集団は、近代社会においてはその多くが個人の利益獲得のために形成されるものであるから、能利を行う集団と考えられる。

以上のように、「社会」を構成する個人の主な性質が能利から導かれ、「社会」自体も能利により形成・維持されることから、「社会」とは「ルール、法、理念にもとづく能利集団である」と定義するのが最も簡潔かつ明確のように思われる。

このように考えると、この節の冒頭で述べた現代日本社会における世間の衰退は、受利の後退、あるいは逆に能利への移行を意味するものといえるだろう。そして、世間の後退はそのまま、対極的な「社会」の今後の伸張の可能性を推定させるのである。

しかし現時点では、まだまだ不祥事を起こした個人、団体そして政治家が、社会に対して述べる謝罪はしばしば、「世間をお騒がせして申し訳ない」「世間に対し申し訳ができないことをしてしまった」などの言葉である。『社会』に対して申し訳ない」と言われることは稀である。

このときに用いられる「世間」には、現時点では、ある程度「社会」の意味が浸透してきていると思われる。しかし、依然として言葉として「世間」が用いられていることからは、まだ日本社会においては受利の作用する領域が相当残っていることがうかがわれる。

(4) 寄付、ボランティアの増加

無償の利益供与である寄付は、まだ、アメリカのような個人や法人による目立ったものは多くない。たとえば2003年のアメリカの寄付金全体が年間約20数兆円であったのに対し、日本は6000億円程度と40分の1でしかない（高田尚・戸口里見「わが国の寄付文化の隆盛に向けて」）。これは既に述べたように、税制などによる所得再分配が少ないアメリカでは、民間でそれを行わなければならないという事情にもよる。

しかし、1995年の阪神淡路大震災での一時的増加を含め、個人および法人の寄付総額自体は日本でも徐々に増加傾向にある。

また、特定非営利活動NPOを通じるなどして、ボランティア活動者数はやはり阪神淡路大震災以後増えてきた。そして1998年の特定非営利活動促進法制定により、さらにボランティア活動者数は増加した（この法律は、阪神淡路大震災以来のボランティア活動の台頭を受けて、市民活動団体やボランティア団体に法人格を与えるというものである）。

その後もNPOは、コミュニティビジネス（地域のニーズや課題をビジネス的視点から解決しようとするもの）や、国や自治体と協働して地域の問題解決を図るなどの活動が活発になってきて

おり、さらに増加傾向にある。そして、その主体であるボランティアも、ますます盛んとなってきている（高田尚・戸口里見、前掲報告書）。

こうした動きを端的に示したのが、２０１１年3月11日に起きた東日本大震災後のボランティア活動者数と、寄付金の膨大な増加である。

会社などは大企業や官公庁を中心にボランティア休暇（有給）を定め、大学はそれを単位に認定するなどして、ボランティア活動を支援した。芸能界を始め各界の著名人なども被災地にボランティアとして入り、また多くの一般人、著名人が競うように多額の寄付を行った。

その結果、ＧＷ期間中などには全国から8万人を超えるボランティアが、福島、宮城、岩手を中心とする被災地に駆けつけ、受け入れ限度を超える自治体も少なからず生じたほどだった（アエラ 2011. 5. 23）。

そして寄付金は、日本赤十字社に寄せられたものだけでも、約2ヶ月で総額２０００億円以上に達した（２０１２年5月末現在）。１９９５年の阪神淡路大震災では、１０００億円を超えるのに約1年かかり、寄付金総額が約１８００億円だった（アエラ 2011. 4. 18）。被災規模も大きかったのであるが、東日本大震災における寄付金の多さ、早さが良く理解される。

こうした寄付やボランティアという、困窮する人への無償の利益供与は、既に述べたように個人や法人による理念的行為であり、能利の伸張を反映していると思われる。

それは１９９０年代以降の、社会のために役立ちたいという意識を持つ人々の増加という事実

（高田尚・戸口里見、前掲報告書）によっても支持される。

（5）イラク人質事件──巻き起こった「自己責任」論

少し遡るが、2004年に、戦時下のイラクでボランティアおよび取材活動などを行った三邦人に対する人質事件が起き、その際に「自己責任」論が巻き起こった。

これは、イラク戦争下での危険を知り、また政府の渡航自粛勧告にもかかわらず渡航したのだから、捕まってしまったのも自己責任である、政府はその解放のために自衛隊撤退を含む譲歩などをする必要はない、解放交渉や帰国にかかる費用なども人質らが自ら弁済すべきである、といった論であった。これは、日本政府閣僚、保守系メディア、そして国民の少なからぬ人々によっても唱えられた。これには、人質家族らが「国は何もしてくれない、人質解放のために自衛隊を撤退させろ」と、一方的ともとれる要求をしたことも影響したようだ。

結局、解放された彼らは「敵意の渦中への帰還」（ロサンゼルス・タイムズ 2004. 4. 23）を果たし、「勝手な行動をして迷惑をかけた、すみません」と国民に頭を下げたのだった。

一方この日本の反応とはまったく対照的に、同時期にやはりイラクで人質となり、後に解放されたカナダのボランティア活動家は、帰国時にはヒーローとしてカナダ国民の温かい歓迎を受けたのだった。

そして、当時のパウエルアメリカ国務長官は、日本で起きた人質へのバッシングについて次のように述べている。

…危険地帯に入るリスクを誰も引き受けなくなれば、世界は前に進まなくなってしまう。彼らは自ら危険を引き受けているのです。ですから、私は日本の国民が良い目的のために身を挺したことをうれしく思います。日本人は自ら行動した国民がいることを誇りに思うべきです。…たとえ彼らが危険を冒したために人質となっても、それを責めてよいわけではありません。私たちには安全回復のため、全力を尽くし、それに深い配慮を払う義務があるのです。彼らは私たちの友人であり、隣人であり、仲間なのです。（ＪＮＮインタビュー 2004. 4. 16）

欧米のメディアも、概して日本で起きた人質バッシングを奇異なものと見ており、たとえばフランスのル・モンド紙も次のように述べている。

阪神大震災以降、人道・奉仕活動に身を投じる若者が増え、日本人の人質はそのひとつの象徴…人道的価値観に駆り立てられた若者たちが日本のイメージを高めたことを誇るべきなのに、政治家や保守系メディアは逆にこきおろしている。（ル・モンド 2004. 4. 19）

またアメリカのロサンゼルス・タイムズ紙などの主要紙でも、解放された人質が日本国内で非難を浴びていることにアメリカでは一様に驚きが広がっている、と述べ、「「お上」（政府）が個人の信条を虐げている、西側諸国とはまったく違った現象だ」という論調を繰り広げたのだった。

さて、自己責任あるいは責任とは、自由に表裏して生ずる概念であるから、能利に伴う概念と考えられる。日本社会の少なからぬ人々が、三人の渡航目的と関連させた状況判断に見える「甘え」を許さず、自己責任を突きつけたのは、日本社会における能利への移行傾向の顕れと思われる。

しかしその内容といえば、欧米メディアに見る人道・奉仕活動という理念性への評価はほぼ無いに等しいものだった。それは、ボランティア活動が増加しつつあるとはいえ、未だ西欧社会よりもその意義、社会問題解決に果たすＮＰＯ活動への評価がまだ十分ではなかったことが、その背景にあろうかと思われる（人質らの活動目的が、親を失った男の子だけの支援、劣化ウラン弾被害の絵本を描く、など、少し特殊であったことの影響もあったろう）。

そしてその内容は、こうした個人の信条よりも「お上」（政府）の指示に従え、共同体に迷惑をかけてはいけない、という集団主義的なものだった。すなわち、集団主義の国・日本では、個人は国家（集団）に迷惑をかけてまで個人の信条を貫くことは許されないのであり、国家の意向には第一に従わなければならないのである。

一方、アメリカなど個人主義の国では、個人がその利益確保、獲得のために契約して国家を形成するのであるから、国家は国民のために存在する、という意識がその根底にある。そのため、欧米メディアのように、国家は個人の信条を虐げるようなことはあってはならない、という論調が出てくるのである。また、パウエルアメリカ国務長官（当時）が述べた、国民が自ら救済できない場合は国家が救済の努力をする、ということも、その国家観からは当然のことなのである。以上に加えて、その「自己責任」論の中には、解放交渉や帰国にかかった費用（国民の税金による三人への利益供与）は全額弁済しろ、という主張もあった。これは「金銭貸借関係」にほかならない。

これら理念性への低評価、集団主義、そして「金銭貸借関係」は、既に述べたようにいずれも受利に伴う性質であり、この「自己責任」論の内容そのものは、受利に沿っていると考えられる。つまり、イラク人質事件における「自己責任」論は、形式は自己責任を求める能利、内容は理念性低評価、集団主義、そして「金銭貸借関係」を要求する受利、であったと思われる。

受利から能利への移行形態には、原理的に、形式と内容それぞれの移行が考えられる。大きく、形式だけの移行、内容だけの移行、そして形式と内容の移行がある。

そして、主に形式だけが能利へ移行したこの「自己責任」論も、受利から能利への移行の中間形態と考えられる。これは、日本社会が受利から能利への移行段階にあることのひとつの顕れではないかと思われるのである。

ちなみに「自己責任」という言葉の歴史は新しく、人々に広く認知されるようになったのがバブル経済崩壊後の90年代のようである。

すなわち、大手証券会社の損失補填における投資家の自己責任、住専処理をはじめとする金融問題における金融機関の自己責任に始まり、その後も2000年代のマンション耐震偽装問題における購入者の自己責任など、多くの場面で多用されるようになったのである（アエラ 2004. 4. 26）。

2 個人の生活意識の変化

(1)「甘え」はもう表立っては許されない

個人の生活でも、もはや「甘え」が表立っては許されないようになってきているように思う。たとえば筆者のゼミを受講する学生も、身内、恋人、親友など、ごく限られた相手には甘えても良いと考えている。しかしそれ以外の、たとえば友人、バイト仲間、知り合い、その他には甘えることはできないと答える者は多い。また、甘えが通用するとわかった相手にだけ甘え、それ以外は原則甘えを持ち出さないようにしている、という学生もいる。

彼らに共通するのは、もはやかなり限定された領域でしか「甘え」を見せないようにしている、という姿勢である。これは日常生活において「甘え」が許されない領域が既に広く存在している、という認識を反映するものと思われる。

こうした傾向は、土居氏が『「甘え」の構造』を著した約40年前当時から、既に進行していたといえよう。それは、この著書がベストセラーになるとすぐ巷では、他者からの利益供与に依存し期待する姿勢に対し、「それは『甘えの構造』だ」などと批判するようになったことに顕れている。

現在は、各個人がその能力と成果で評価され、景気がよくないとすぐリストラ候補者に挙げられるなど、甘えの許されない領域が広がりつつある。「甘え」とは対極の「自立」が広く要請されつつあるのである。こうした社会情勢の影響を受け、個人の日常生活においても「甘え」が次第に表立っては許されないようになってきているのだ。

これも、受利から能利への移行傾向を顕すものと考えられる。

ただし、日常生活上の「甘え」に関する最近のある調査によると、友人や仕事仲間において一番好まれる人物は「ときどき甘える人」で、一番好まれないのは「まったく甘えない人」、そして「甘え過ぎる人」がその中間、との結果であった（山口勧・森尾博昭「「甘え」の意味と通文化的普遍性に関する実証的研究」）。

そして「まったく甘えない人」が好まれなかったのは、能力もあり自立しているが、他者との関係はよくないから、であった。つまり、日常生活では「甘え」が完全否定されるには至っておらず、大人の世界でも適当なそれを肯定的に捉えているという結果である。これは、能利への移行傾向はあるにせよ、受利部分もまだ（相当）日本社会に残存していることを示唆するものと思われる。

(2)「すみません」から「ありがとう」へ

親切、サービスなどの利益供与を受けた場合に、「ありがとう」と返す人々が増えている印象がある。

特に、個人の実力、才能で利益獲得し生きている自由業的職業の人、たとえば実業家、専門職、スポーツ、芸能界などの業界人には、もう「すみません」は似つかわしくない。

最近は学生の中にも、人には「すみません」と言わないように、と親から躾けられてきた者もいる。

また、ゼミの学生自身の体験で、人に親切にしたところ相手に「すみません」と言われて良い気がしなかった、と言う者もいる。そこには、利益返済を求めて親切にしたのではない、という意識があったようで、以後その学生は、自分が親切にされたときには「ありがとう」で返すようにしているという。

また、彼らの中にはお礼の際に「どうも…」と言うだけで、その後に続くはずの「すみません」あるいは「ありがとう」を明らかにしない者もいる。このようなかたちで、「すみません」

からの移行傾向を示しているものと思われる。

こうした他者からの利益供与に対する反応のしかたにも、受利における「金銭貸借関係」および「すみません（I'm sorry）」から、これとは対極的な能利の返済無しの感謝、「ありがとう（Thank you）」への移行傾向が印象される。

しかし、個人の実力、才能で生きている自由業的職業人でも、相手に応じて意図的に「すみません」と言う場合もある。自由業的に見えても、他業種における受利社会のルール（「金銭貸借関係」）には則っていますよ、というサインであり、今なお受利領域が多く残存していることを示唆することのように思われる。

(3)「やさしくない『やさしさ』」――形式は受利、内容は能利

精神科医・大平健氏はその著書『やさしさの精神病理』の中で、従来的にはやさしいとはいえない「やさしさ」が若者に見られるようになったことを述べている。

従来的なやさしさとは、相手の心情を深く理解し慮って、相手の真に必要とする利益（精神的、物質的）を供与する場合に感じられる心性のことである。それに対して大平氏はこの「やさしくない『やさしさ』」を説明するため、次の三つの症例を呈示している。

一例目は、不眠を主訴に受診した女子高生である。

彼女はより良い大学へ進学するため塾に行きたいのだが、それを親に相談していなかった。「お金のかかりそうな話」をしないのが、親への「やさしさ」と考えるからである。しかし月1万円の小遣いはもらっている。これは親の体裁を考えてやっている「やさしさ」だから。塾代を捻出できないという悩みは、どうすれば親に「やさしく」していられるか、という問題だった、とのことである。

二例目は、「気持ちが落ち着かない」という主訴で受診した男性公務員である。

彼の悩みは、友人らと同調して彼の悪口を言ってしまった「やさしさ」に欠けた婚約者の行動である。彼は肉体関係を持った以上、結婚するのが「やさしさ」と考えている。好きかどうか愛しているかどうかより、お互いが「やさしくする」ことで結婚できると彼は考えている。そして、自分の「やさしさ」とは結婚することで、婚約者の「やさしさ」は友人に同調して彼の悪口を言わないことである。彼の「やさしさ」とは、あくまで実際の行動のしかたに関わることだった、とのことである。

三例目は、留学すべきか否か、の相談に来た女性事務員である。

彼女は二度失恋しているが、二人の恋人たちはいずれも「やさしい人」だったという。この「やさしい人」にグチをこぼすことは禁物である。「やさしい人」だけに嫌な顔をせずに聞いてくれるが、その後、去っていってしまうからである。二度にわたる失恋は、不用意にも相手にグチをこぼしたためだったという。逆の「強い人」にはグチを言っても安全だが、「やさしい人」にはグチは禁物、本当の気持ちを伝えてはならない、とのことである。

以上の症例から想像される「やさしくない『やさしさ』」、特に三例目などは、相手の内面、内情に立ち入らない、深入りしません、という非侵入の「利益」供与を行う、ということだけのやさしさになっているようである。また一、二例目などは、相手の心情を深く理解していないことから、実質的な利益供与とはならない表面的、形式的、あるいは的外れな利益供与を行うだけのやさしさになってしまっている。

つまりこれらの例では、相手の心情を深く理解し慮る、という非言語的コミュニケーションは衰退、あるいは意図的に抑制されてしまっている。また供与される利益自体も、非侵入の「利益」や的外れ、表面的と、著しく実質を欠いたものになってきている。つまりこれらは、受利の後退した一形態といえるように思われる。

さらに、従来的なやさしさは、どうしても、相手の内面を慮り、必要な利益を提供し合うことを、相互に要求するものになってしまう。というのも、一方だけが相手を慮り、利益供与し続ける、というわけにはいかないからである。相手がこちらの内面を慮り必要な利益を提供してくれている以上、相手もそのようにしてくれることを期待していると感じられてしまうのである。

こうなると、相手の要望を慮るゆえに、各人なりの要望、欲望をそのままは実現できない、あるいは抑止せざるを得ないという場合も生じてくるだろう。したがって従来的なやさしさは、どうしてもお互いの独立、自由を抑制する性質を帯びてしまう。

しかし、相手の内面には深入りせず、されたくもない、あるいは表面的、的外れな利益供与を行うだけの「やさしくない『やさしさ』」では、そういうことは生じない。

「やさしくない『やさしさ』」は共通して、（意図してあるいは意図せず）相手の内面には深入りしない（できない）という、相互の自由、独立を尊重する内容となっている。この「やさしさ」を示された者も、あまり相手の内面を慮って必要な利益を提供しなければならない、とは感じないのである。これは、能利に沿う新しいかたちの「やさしさ」ではないかと思われる。

ちなみに、絶対数は少ないのであるが、筆者のゼミに参加し、この著書を読んだ欧米出身の学生たちのほとんどが、この「やさしさ」はよくわかる、と述べていたのが印象的だった。

さて、従来的なやさしさとは、内面を慮るなど非言語的コミュニケーションを介して利益供与を行うときに最もよく感じられるものであるから、受利を実現する最も優れた方法のひとつといえる。それゆえ、従来の日本社会において、最も評価されてきた心性ないし徳目がこのやさしさだったのである。それは現在においても、日本人が異性に求めることのうち最も多いのが依然としてこのやさしさであることにも、顕れているように思われる。

この「やさしくない『やさしさ』」も、形式的には、従来的なやさしさの定義は大体満たしている。一応、相手の心情を慮って、相手の必要とする利益を供与する、という形式は守っているからである。それゆえ、大平氏もこれを新しい「やさしさ」と捉えざるを得なかったのである。

しかしその利益供与の内容は、相手の内面には侵入しないもの、あるいはほとんど実質がないもの、あるいは的外れのものであり、受利社会には最も適合しないものとなっている。そしてそれは図らずして、自由、独立を尊重するという、能利社会で最も評価されるところの「利益」に変化してしまっているのである。つまり、形式は受利、内容は能利である。

受利から能利への移行段階には、形式と内容それぞれの移行によって、いろいろな形態が考えられるのだった。先のイラク人質事件における「自己責任」論は、形式が能利、内容的には受利というものだった。

それに対して、この「やさしくない『やさしさ』」は、形式が受利、内容は能利というかたちで、受利から能利への移行形態のひとつを顕しているものと思われる。

(4)「仲間以外はみな風景」「島宇宙化」、さらに「キャラ」化

1990年代より社会学者・宮台真司氏は、「仲間以外はみな風景」「島宇宙化」などの言葉で、若者たちの、仲間以外に対してまったく配慮していない言動や、仲間以外の人とコミュニケーシ

ョンがとれなくなっている状況を表現した（『制服少女たちの選択』）。

つまり、「仲間以外はみな風景」とは、人前でのキス、電車内での化粧、飲食、そして携帯使用、電車内や街頭での地べたすわりなど、周囲の目を気にしない、ときに不快感を抱かせるような恥知らずな言動をとるようになった若者を表現する言葉である。

それまでの日本人にはあまり見られなかった、常識に外れたことをしても気にならないような言動であり、彼らにとっては、仲間以外はどうでも良いモノ、風景なのである。

そして「島宇宙化」とは、彼らが所属する集団（仲間）が狭小化し、その小集団内だけの見方、価値観を重視するあまり、しばしば他の集団や社会の見方、価値観と乖離して、お互いに理解し合えない状況が生じてきていることを表す言葉である。「仲間以外はみな風景」化するのに表裏して生じた、所属する集団が狭小化した若者たちのあり様である。

しかし彼らは、仲間内では従来の日本人と同じく、あるいはそれ以上にお互い気をつかい、非言語的コミュニケーションの枠ともいうべき「空気」を読み合い、自分だけ浮かないように周囲にノリを合わせ、そうしたことも含めて相互利他＝受利し合っているようなのである。

たとえば宮台氏は、これらの若者たちが仲間内では従来的な日本人とあまり変わらないか、ある面ではそれ以上に日本人的であることを、次のように説明している。少し長くなるが引用してみたい。

日本人的な行動パターンといえば、今も昔も「郷に入りては郷に従え」と「旅の恥はかき捨て」。顔見知りの集団ではいい子ちゃんにしているけれども、知らない人ばかりのところに行くと集団でハメを外しがち。…ただ最近の若者たちに独特のものがあるとすれば「仲間の範囲」がえらく小さくなってしまったことと、「流動性」が高まってしまったこと。

…友達仲間の中で自分だけウキたくないから、みんなに合わせて（ルーズソックスを）履いている。つまり「郷に入りては郷に従え」の「郷」に相当する仲間集団が「小さく」て「流動的」なものになったために、タマタマ一緒にいるだけだという「偶発性」をシャカリキになって覆い隠さなければならなくなり、仲間集団の「同調圧力」（Peer Group Pressure）が以前にも増して高まってしまったのだ。

その結果、ただでさえ「旅の恥はかき捨て」的な国民性なのに、仲間の内部に絶えず注意が集中しがちになってそれが強調され、今や「仲間以外はみな風景」とでもいえるような感性になっている。

（宮台真司『世紀末の作法』）

このことからは、これらの若者のあり様は、受利し合う集団が縮小化してきたという変化を意味するのではないかと思われる。若者といえども、いきなり利益獲得方法がそれまでの受利から能利へ一気には変わらないだろう。

たとえば、自分の所属集団以外に対してあまり配慮しないという現象は、江戸の昔から日本社会では見られた。それは上記でも触れられている「旅の恥はかき捨て」などの諺に示される、誰も知らない旅先では恥知らずなことをしてしまってもよいだろう、といった意識である。しかし同時に「袖振り合うも多生の縁」といった諺もあり、見知らぬ人でも前世からの因縁がある可能性がある、ということも考えられてはいた。

つまり、最近の変化とは、電車内や街頭などの旅先でもないのに恥知らずな言動をとるようになったことから想像されるように、あるレベル以上に受利し配慮し合う集団が縮小化したことのようなのである。

さらに「仲間以外はみな風景」化した要因として、多様な価値観や他集団への所属機会の増加があると考えられる。

つまり、高度情報社会化や交通機関の発達などにより多種、多様な価値観に触れる機会が増え、また一人の人が多くの集団に同時に所属しうる可能性が増えた。それはたとえば、仕事上の集団、趣味上の集団、インターネットサイトを通じた集団、学校での友人関係、等々である。そのために、上記の仲間内のような小集団でさえ、維持が難しくなっているのである。

つまり、その維持のため、小集団内でのお互いの気遣いや「空気」を読むことに、これまで以上に必死になる必要が生じている。そしてその反動で、その小集団以外の人に対してはまったく気遣いをする余裕などなくなってしまい、「仲間以外はみな風景」化したのである。

特に2000年以降は、ケータイ（携帯電話）の浸透が、こうした傾向に拍車をかけていると社会学者・森真一氏は述べている（『日本はなぜ諍いの多い国になったのか』）。

つまり、ケータイは人との関係を容易にする反面、他所にいる人との直接の連絡によってその場の人間関係を不安定にする可能性がある。そのため、かえって所属する小集団をより強く保持する必要が生じ、全力を投入して小集団内での関係を維持しようとする。しかしその反動として、その他の人々には関心を向ける余裕がなくなり、「仲間以外はみな風景」化が進んでしまったのである。

さらに森氏は、家族、友人関係などの小集団においても、楽しい関係を生み、それを維持するような「キャラ」を演ずることが要求されるようになってきているという。楽しい、明るい、面白いといった精神的快の状態でいられるために、楽しい「キャラ」を演ずる必要が生じてきており、逆に、それを損なうような、楽しくない、暗い、白けるような状態は、たとえそれが実際の姿であったとしても、排除される。それは小集団内での（精神的）利益獲得を損なうゆえであり、この「キャラ」化とは、能利を妨げずそれを促進させるような方向への変化と思われる。

確かに、筆者が毎日行っている大学学生相談でも、「他の友人たちと同じように毎日必死に明るく楽しいキャラを演じているが、真実の自分を示すことができない」「本当は暗く悩んでいる自分を晒してしまうと、仲間から外されてしまう」などという悩みは、しばしば持ちかけられる訴えのひとつであり、「キャラ」化の浸透がうかがえる。

結局、若者を中心とする「仲間以外はみな風景」「島宇宙化」で示される受利し合う集団の小集団化、さらには「キャラ」化で示されるこの小集団内への能利の浸透という二側面においても、日本社会の受利から能利への移行傾向の反映がうかがえるのである。

3　受利から能利への移行過程で生ずる社会規範の揺らぎと後退

(1)　社会規範の揺らぎと後退

能利社会、受利社会のそれぞれに、社会規範がある。

能利社会では、自由、自立、機会平等、フェアであること、能力主義、言葉でわかりやすく意志を伝え、嘘はつかないこと、正義、理念を掲げ、ボランティア、慈善を心掛け、罪意識で自らの行動を律すること、などの規範がある。

一方、受利社会では、あからさまな自己利益獲得行動は控え、相互利他し合い、結果平等を心掛けること、周囲との調和、思いやりを大事にし、言葉に出ない部分にこそ注意を払うこと、長幼の序、秩序を守り、恥意識で自らの行動を律すること、などの規範がある。

そして、社会が能利、受利のどちらかで長く安定しているなら、社会規範は確固としたものとして次世代へと受け継がれ、揺らぎや後退を見せることはない。

しかし社会が能利 - 受利の軸上でその位置を変える時代には、社会規範も揺らぎを見せ、あるいは後退し、一時的には崩壊もするだろう。

現在、精神科臨床の現場では、発達障害、社会的引きこもり、境界性人格障害に続く自己愛性人格障害、嗜癖（薬物依存、摂食障害、自傷行為）、ハラスメントの訴えなどが増加している。そして、そうした場でよく聞くのが、「子供をどう育てていいのかわからない」という母親の声である。その中でも、「どこまで甘えさせてよいのか、どこから自立させるべきかがわからない」との声をしばしば聞く。

さて、長きにわたった江戸時代はいうまでもなく、明治からバブル経済崩壊以前の昭和の高度・安定成長期くらいまでは、（もちろん、その時代時代での迷いはあったにせよ）現在ほどには子供の育て方に迷いはなかったのではないか。

すなわち、鎖国下でゼロ成長社会ともいわれ安定していた江戸時代はいうまでもなく、明治維新後も戦後の高度・安定成長期の時代を含め、日本人が相互利他し合う気持ちを持ち、あるいは国全体で欧米に追いつけ追い越せという集団主義＝受利の生き方を続けていたという側面において、日本社会は著しくは変化していなかったのではないか。それが前節までに述べたように、特にバブル経済崩壊以後、急速に受利から能利への移行傾向が目立つようになってきたように思われる。

子育てとは、その子供の育っていく社会に適応して生活していけるように躾けることであるから、その社会の規範を子供の身につけさせることといえよう。しかし社会規範そのものが揺らぎ、あるいは後退するとき、母親は子供をどう育ててよいのかわからなくなるのである。

現在、母親たちが「子供をどう育てていいのかわからない」「どこまで甘えさせてよいのか、どこから自立させるべきかがわからない」などと訴えるのは、正に「甘え」の受利社会から「自立」の能利社会への急速な移行傾向を反映した、社会規範の揺れ動きや後退の反映ではないかと思われる。

(2)「マナー神経症」

ひとつの社会規範が揺らぎあるいは後退するとき、そこには各人が拠って立つ規範の相違からの摩擦が、あらゆる場面で生じてくることになるだろう。

前節で述べた受利と能利による社会規範は、両者が対極的な利益獲得方法であることもあって、相反するものも少なくない。したがって、受利から能利への移行傾向にある社会において、それぞれに従う者の間で、摩擦やトラブルを生ずることが推定されるのである。

たとえば、若者の「仲間以外はみな風景」や「島宇宙化」からのマナートラブルである。すなわち、人前でのキス、電車内の化粧、飲食、そして携帯使用、電車内や街角での地べたすわり、「自己チュー」などといわれるような、他者の目を気にしない能利に伴う諸言動は、受利社会に生きてきた人間にとってははなはだ不快、迷惑なもので、多くのマナートラブルを引き起こしている。

また、「やさしくない『やさしさ』」は、従来的な意味でのやさしい人からは理解しがたいものである。「キャラ」化した人間関係も、従来的な観点からはそこに真の人間関係があるとは思われない。したがって、これらから生ずる諸行動も、受利に生きてきた人々にとっては、理解し難い印象を与え、マナートラブルも生じかねないだろう。

しかしながらこれらはいずれも、受利とは対極的な、より能利に沿うところのマナー、規範とはいえるかもしれないのである。つまり、内面に深入りすることなく、お互いの自由や能動的利益獲得を尊重し合うというマナーである。

たとえば、「やさしくない『やさしさ』」の一種であると思われる、「隣に顔色の悪そうな人がいても本人が訴えてこない限り何もしない」という、若者を中心としたマナーである（森真一、前掲書）。

従来的な受利の立場からは、具合の悪そうな人がいれば、事情を忖度して声をかけてあげるのがマナーである。そうしないのは、森氏が著作内で作家・瀬戸内寂聴氏の言葉を引用しているように、「人の気持ちを推量し、それを思いやる想像力の衰退である」と批判したいところである。

しかしながら能利の立場からは、本来自由である人の気持ちは他者には正確にはわからない、ということが前提となる。それゆえ、もし本当に相手がして欲しいことをしてあげたいのなら、相手の内面に安易に立ち入らず、相手が訴えてくるまでは何もしないようにする方が良いこと、時には見て見ぬふりをしてあげることもマナー、と考えるのである。

それは、具合の悪い当人が、「他の人に心配をしてもらうのは悪いから、本当に助けが必要なとき（そのときは助けを求める）以外は声をかけてほしくない」と考えている場合もある、と考えるからである。

これは、本質的に他人には不可知な各人の自由意志があり、それゆえに言語的コミュニケーションを重視すべきである、そしてより基本的には、各人の能動的利益獲得を制限し合うべきではないという、能利に適ったマナーのひとつと見ることもできる。

また、一次集団である仲間内や家族内でさえ「キャラ」を演じるというのも、ノリから外れてしまって皆が楽しい時間を持つという利益を損なってしまわないための、他者への思いやり、能利社会におけるマナーともいえるのである。

森氏は、以上述べてきたような諸現象から生じている摩擦やトラブルを、若者のマナーの悪化ではなく、マナー間における摩擦、すなわち「マナー神経症」と捉えている。そしてこれを「現在は個人の欲望に対する態度が過渡期にあるため」に生じていると見ている。

本書の立場からは、これらは受利から能利への移行傾向にある社会における摩擦と見るのが、より一般的な見方であり、より深い理解につながるように思う。

つまり「マナー神経症」とは、受利と能利それぞれの社会規範に基づくマナー間の摩擦、と理解すると、よりわかりやすいのではないかと思われるのである。

(3) パーソナリティ障害者、特異な異常犯罪の増加

精神医学において、社会規範が揺らぎあるいは後退するとき、パーソナリティ(人格)障害が増加する、という調査研究は多い(安永浩「境界例と社会病理」、金吉晴「人格障害に対する文化論的検討」、新宮一成・加藤敏編『現代医療文化のなかの人格障害』)。

パーソナリティ障害とは、著しい本人の苦痛あるいは社会的機能の障害を生ずるほどに、人格がその所属する文化の平均から著しく偏っていることである。

その成因については、生物学的要因(セロトニン神経系の活動低下仮説など)が指摘されているもののまだ確定的ではなく、成育過程における問題が主要な要因と考えられている。

ひとつの社会規範が揺らぎあるいは後退し、母親たちが「どう育てていいのかわからない」ときに、成育過程で問題が生じ、パーソナリティ障害も増加してくると思われるのである。

そのような例が、1960年代より増大し始めた境界性パーソナリティ障害であり、それに続いて近年問題となることの多い自己愛性パーソナリティ障害である。

ここで境界性パーソナリティ障害とは、対人関係や自己像の不安定さ、感情の起伏の激しさ、自殺企図などの著しい衝動性などを特徴とするパーソナリティ障害である。

そして、自己愛性パーソナリティ障害とは、誇大性、賞賛されたいという欲求、共感の欠如な

どを主な特徴とするパーソナリティ障害である。

いずれも国際的精神障害分類において、衝動的な行動などによって社会の葛藤をきたすパーソナリティ障害者群であるB群、すなわち感情的混乱が激しく、移り気、演技的などの特徴を共通して持つパーソナリティ障害者群に分類されている（『DSM-Ⅳ-TR アメリカ精神医学会・精神障害の診断・統計マニュアル第4版』）。この群には他に、反社会性パーソナリティ障害、演技性パーソナリティ障害などが含まれ、社会生活上において多くの問題を生ずることになる。

ここで境界性パーソナリティ障害の例を挙げておく（実例をもとにしているが、プライバシー保護のため本質的でない部分は変えている）。

［症例］22歳の女性

高校時代に不登校と家庭内暴力を呈した時期があり、安定した友人関係も得られなかった。短大卒業後事務職として就職したが、人間関係に悩み、しばしば無断欠勤が見られた。

短大時代より妻子ある男性と付き合っていたが、別れ話が出た頃より「生きている実感がない、人と通じ合う感じがない」と気が塞ぐようになった。ある夜、突然「疲れて死にたくなった」と、家庭内にあった頭痛薬や風邪薬などを全て服薬。近医にて胃洗浄などの処置を受けたが、その後も気分がなかなか改善せず、某精神科医院にて安定剤を投与されるようになった。

しかしその後も、家族との些細な意見の食い違いから、暴力や家庭内の器物破壊、リストカット、過量服薬などが何度も繰り返され、やがて会社も退職。遂には投薬されていた安定剤を大量に服薬し、意識不明のまま入院となった。

意識回復後は、「生きている実感がない、自分という人間がつかめない」「両親は責めないでください」などとしおらしい態度を見せたかと思うと、家庭内での本人の行動を話し始めた母親に対していきなり殴りかかろうとするなど、態度の豹変が見られた。

医師に対しても、「こんなに自分のことを理解してくれる素晴らしい先生に会ったことはない、どうかよろしくお願いします」と極端な理想化を思わせる言葉を繰り返していたかと思うと、些細な問題点の指摘に対して突然「えらそうに威張るんじゃないよ、このヤブ医者！」と怒鳴り出すなど、それまでの態度とは一貫性のない言動が見られた。

入院中も、男性患者との性的関係、無断離院、刃物の持ち込み、神経学的に説明のつかない不随意運動や過呼吸発作などの問題行動が頻発した。しかし、これらの諸行動と同時に見られた、母親や医師の同席を常に求める行動などからは、見捨てられることへの著しい恐怖心のあることが推定された。


このような、境界性パーソナリティ障害者は、自傷、自殺行為、突然の激しい怒り、その他の衝動行為などを繰り返し、周囲の人間は果てしなくこれに振り回されることになる。

次は、自己愛性パーソナリティ障害の例である。

［症例］45歳の男性

一部上場企業の部長、ただし部付部長で部下はいない。同じ部門の同期入社の同僚が自分より先にラインの部長となった頃から、気分不快、疲労感、抑うつ気分を生ずるようになり受診した。

その家族歴、成育歴を見ると、父親は学歴主義者で旧帝大以外には価値を認めない人物だった。母親も過保護、過干渉で、たとえば小学時代の作文でも一語一語書き直しをさせるほどであったが、共感性には欠けた人のようであった。

このようにして本人は小学時代からずっと成績トップであり、プライドが高く、大学も旧帝大である有名大学に入学した。しかし、その蔭では中高時代ずっといじめにあっていた。どこか尊大で同級生を見下しているような態度と、自分勝手で、協調性、共感性が欠如していることから、多くのクラスメートの反感を招き、いじめのターゲットとされていたのである。

受付では、いつもイライラ、不機嫌、高圧的で、ときには些細なことで不当な扱いを受けたと激昂した。一方では、保険証を忘れたり、予約時間に遅れても、平気で嘘の言い訳をしたり屁理屈を並べたてた。

診察室ではまず、自分が有名大学を卒業し、入社後はアメリカ有名大学大学院へ留学し、一流企業の部長であると、いかに自分が重要で高い地位にいるかを強調した。そして同期の者が自分より先にラインの部長に就いたことへの不当性を訴えた。

診療において特別な待遇を要求するので、その理不尽さをやんわりと指摘すると、声を荒げ診察机を叩いて威嚇し、怒りをぶつけてきたりした。

他では、歯科などの他医療機関でもその診療内容が悪いとクレームをつけたり、レストランで異物が混入していて健康を害したなどと、いたるところで賠償請求を繰り返していたようである。

治療過程でも、主治医の交代を何度か要求した。内心の弱みを見せようとせず、固く構え、傲然かつ尊大で、不機嫌であることが多かった。しかし診療がうまく進むと、幼少期の話では涙を流したり、実は自分が小心、敏感、無力で価値がないと悩んでいることなどを告白した。また、主治医を理想化する発言も見られた。

自己愛性パーソナリティ障害者は、傲慢で、攻撃的、しばしば反社会的傾向を持ち、やはり周囲の人間が蒙る被害は甚大なものがある。たとえば、ハラスメントのうち最も広汎で基本的といわれるモラル・ハラスメント（精神的な快を得るためのいやがらせ）の主な主役は、自己愛性パーソナリティ障害者である（マリー・フランス・イルゴイエンヌ『モラル・ハラスメント』）。さらに、近年話題に上ることが多いクレイマー、モンスター・ペアレント、モンスター・ペイシェントなどといわれる人々も、しばしば自己愛性パーソナリティ障害（傾向）者である。

さらに、このような日常生活レベルを超えて、とりわけ社会を震撼させるような異常犯罪の多くを、パーソナリティ障害者が引き起こしている。

たとえば、以下は主として裁判で採用された精神鑑定結果であるが、２０００年前後以降に生じた主な異常犯罪の多くが、パーソナリティ障害者によって引き起こされている。

１９９７年　神戸児童連続殺傷事件犯人の少年（「酒鬼薔薇聖斗」）――反社会性パーソナリティ障害

（行為障害）

1998〜1999年　幼女連続誘拐殺人事件犯人の宮崎勤被告──パーソナリティ障害（統合失調症質パーソナリティ障害）

1999年　池袋通り魔殺人事件犯人の造田博被告──パーソナリティ障害

1999年　下関通り魔殺人事件犯人の上部康明被告──パーソナリティ障害

2000年　新潟少女監禁事件犯人の佐藤宣行被告──パーソナリティ障害（強迫性および統合失調症型パーソナリティ障害）

2000年　佐賀バスジャック事件犯人の少年──反社会性パーソナリティ障害（行為障害）

2001年　大阪教育大学付属池田小児童殺傷事件犯人の宅間守被告──パーソナリティ障害（妄想性、非社会および情緒不安定性パーソナリティ障害）

2004年　奈良小1女児殺人事件犯人の小林薫被告──反社会性パーソナリティ障害

2006年　秋田連続児童殺害事件犯人の畠山鈴香被告──パーソナリティ障害（混合性パーソナリティ障害）

2008年　土浦連続殺傷事件犯人の金川真大被告──自己愛性パーソナリティ障害

2008年　元厚生事務次官連続殺人犯人の小泉毅被告──自己愛性パーソナリティ障害（これは筆者の推定）

2008年　秋葉原連続殺傷事件犯人の加藤智大被告──自己愛性パーソナリティ傾向（片田珠美『無差別殺人の精神分析』における著者・片田氏（精神科医）の見解）

その他にも、同時期（1990年代以降）には、殺人、強盗、放火などの凶悪犯罪数が、それまでの減少傾向から一転して増加傾向にある（平成21年度警察白書）。そしてこの中で、特に社会規範の後退を印象させるような特異な凶悪犯罪も多発してきたように思われる。

それはたとえば既述の、1988年の名古屋アベック殺人事件、1992年の市川一家4人殺人事件、1994年の大阪・愛知・岐阜連続リンチ殺人事件、1998年の足立区綾瀬女子高生コンクリート詰め殺人事件、そして1999年の光市母子殺害事件などである。これらは、その犯行の残虐性と多くが未成年者により引き起こされたことから、少年法の改正、厳罰化を招いた事件でもあった。

そしてこれらに、上に掲げたようなパーソナリティ障害者による異常・凶悪事件が続くことになる。

パーソナリティ障害者（特にB群）と社会を震撼させる異常・凶悪事件の増加にはいろいろな要因が指摘できるであろうが、社会規範の揺らぎや後退を示唆するものである（小田晋「文化と精神障害」、金吉晴「人格障害に対する文化論的検討」、影山任佐「現代日本の犯罪と現代社会」など）。

そして、日本においてこれらを引き起こしているのは、受利社会から能利社会への移行変化による、従来的な受利的社会規範の揺らぎ、あるいは後退ではないかと考えるのである。

なお、本節の記述からは、パーソナリティ障害者が各種犯罪の元凶で社会から排除すべし、との印象を与えかねない部分があるかもしれない。しかし、パーソナリティ障害の成因の多くが生育歴、生育環境の劣悪さにあるならば、彼らも時代の被害者であり、どのような凶悪犯であっても治療、保護の対象とすべき部分を考慮する必要があることは、特に述べておきたいと思う。

4　受利社会から能利社会への移行

以上で述べた、社会・経済・政治・制度の変化、個人の生活意識の変化、社会規範の揺らぎと後退によると思われる諸現象は、日本社会における受利から能利社会への移行傾向を示しているものではないかと考えられる。

能利社会は個人主義の社会であり、「個人の利益が集団の利益よりも優先される」が、通常、ルールや法、理念性や正義を備えている。しかし、ルールや法、理念性や正義がまだ十分備えられていない「個人の利益が集団の利益よりも優先される」状態も考えられる。

本書では、このルールや法、理念性や正義なしに、つまりひたすら他者の利害を考えずに自己の利益獲得だけを図るような考えを、特に「利己主義」と呼びたいと思う（以下カギ括弧を外す）。つまり、「個人の利益が集団の利益よりも優先されるという考え」で定義される個人主義に、利己主義と、ルールや法、理念性や正義を備えた狭義の「個人主義」（以下カギ括弧を外す）の二つを考えたい。

しかし、このどちらも、適合的ないし対応する個人の利益獲得方法は能利である。そして、能利すなわち欲するものを自ら獲得するとき、まず出現するのは、他者の利害を考えない利己主義だろう。

しかし皆が利己主義であれば、他者との摩擦、衝突は避けられない。「万人の万人に対する闘争」となり、人間社会の存続は困難となる。そこで、こうした摩擦、衝突体験が、やがてルールや法の必要性、そしてそれを支える理念性や正義の重視をもたらすことになるだろう。

こうして能利への移行過程においては、いきなり理念、法、ルールを備えた個人主義になるのではない。まずはこれらが未発達のまま能利を行うという、利己主義の過程を経る。つまり、利己主義では必然となる、あらゆる摩擦、衝突、紛争を経て、理念、法、ルールの重要性を認識し、それらを構築し、やがて個人主義となっていくと思われる。

さて、日本社会はその特徴の多くが受利から説明されることから推定されるように、やはり依然として、受利社会 - 集団主義的社会の部分が大きいと思われる。

しかし能利への移行傾向は拡大しつつある。

特に1990年代のバブル経済崩壊以降は、これまでの受利 - 集団主義的社会規範が後退するとともに、まずは直に能利を行うだけの利己主義的な現象が、各所に出没している段階と思われる。

受利 - 集団主義的社会規範が揺らぎ、後退しているが、まだ能利 - 個人主義的な社会規範は確立されていない。現在は、受利‐集団主義的社会規範と能利‐利己主義的姿勢の間に生ずる葛藤として、社会そして個人の各領域で多くの問題や摩擦を生じている段階のように思われる。

第5章　能利社会と受利社会を可能とする条件

1　能利または受利を決める三条件

前章まで、日本社会における受利から能利への移行傾向について述べてきたように、利益獲得方法は時代や状況によって変わりうるだろう。

それでは、能利あるいは受利は、社会（国）のどのような条件（要因）により決まってくるのだろうか。いろいろな条件があり、また検証の必要もあり、完全に解明することは難しい。

しかし、ごく基本的なところについて、現在筆者が考えている条件がいくつかある。それらについて述べてみたい。

(1) リッチ/プア

社会(国)が利益の溢れるリッチ(富裕)な社会であるほど、そこにおいて適切な利益獲得方法は能利になると思われる。

というのも、仮に各人の欲するままに利益獲得しても、リッチな社会であれば、それによって困窮してしまう人はそう生じない(生じないほどリッチということである)。リッチな社会では、各人が能利を行っても、社会の存続、維持に支障が生じないのである。

先に取り上げたパンのたとえで説明しよう。

5人の人がいて、それぞれが最低毎日パンを3個(3食)必要とするとしよう。そのときに、もしパンが1万個あった(リッチ)場合、たとえ各人が毎日素手でとれるだけのパンを獲得したとしても、困窮する人は出ないだろう。各人がとれるだけ獲っても、まだまだパンは十分にある(リッチ)のだから。

それればかりか、各人が自ら欲するままに利益(パン)を獲得することは、通常は皆が幸福になることである。それは、社会としても好ましいことである。

一方、このように豊かな富を前にして、受利、つまり他者から利益供与されるのを待つ、というのは、状況からはあまり適切ではない。自ら利益獲得することは、リッチな社会においては何も不都合なことではなく、多くの人々（国民）ができるだけ早く幸福になるためにも、他者から利益供与されるのを待つ、というのは適切な利益獲得方法ではないのである。

結局、概略的ではあるが、以上のような理由により、リッチな社会では、能利が適切と思われる。

それを端的に示すのがアメリカである。アメリカは、建国の当初からこのような条件にあったように思われる。

当時のアメリカには、無限ともいうべき土地がフロンティアとして広がっていた。そしてそこから産まれる資源、農産物、そして工業生産の可能性も無限ともいえるものであった（リッチ）。たとえば土地に関しては、北米大陸はあまりに広大であった。そのために、その分配方法として、当該区画を柵で囲うなどして一定期間定住し農業をすれば、無償でその土地を定住者の所有とする、などという方法もとられた（ホームステッド法）。これは正に、各人の欲するままに利益（土地）獲得する、という能利による利益の分配である。

このようにしても（争いは起きたが）困窮する人はいないほどに、土地が豊かであったばかりでなく、このような能利による利益分配方法が、早く多くの国民が幸福になるには適切だったのである。

各国の国民総生産と個人主義度の関係を調べた社会心理学者・ホフステードは、両者が相関すること、つまりリッチであるほど、個人主義度が高くなると述べている（『多文化世界』）。

この相関について、ホフステードは次のように説明している。裕福になると、各個人がテレビを持ち、自動車を持ち、個室を持つことができるようになる。裕福になれば各個人が「自分のしたいとおりにする」ことができるようになり、個人の生活が営まれるようになる。このようにして、西欧諸国そして日本も、急速な経済発展を遂げた後、はっきりと個人主義的な傾向を強めたのである、と。

さて、個人主義は能利に対応する社会的利益分配のシステムであるから、これもリッチであるほど能利が適切である、という見解を支持するデータと考えられる。

一方、利益の少ないプアな（貧しい）社会であるほど、能利を行うのは適切ではない。それは、能利により利益獲得競争になると、能力あるものが少ない富を独占してしまう事態が生じてしまうからである。必要な利益を獲得できない多数の人が生じかねず、社会を維持するのが困難となる。

再びパンのたとえにより説明してみよう。

5人の人がいてそれぞれが最低毎日パンを3個（3食）必要とするときに、パンが15個しかない（プア）としよう。この場合に、もし各人がそれぞれにとれるだけのパンを獲得してしまうと、場合によっては体力のある1人が3個以上を獲得してしまい、他に困窮する人が出てきてしまう。

つまりプアな社会ほど、そこで適切なのは、能利とは対極的な利益獲得方法である受利であると思われる。というのも、他者から利益供与されるかたちの利益獲得である場合、ある少数の者に著しく利益が集中するような事態は起きない。それは既に述べたように、受利は基本的には結果平等を目指す方法だからである。貧しい富を、受利によってとりあえず平等を目指して分配することが、このプアな社会の存続、維持のためにはより適切と思われる。

たとえば日本は、その歴史のほとんどの期間においてプアだった。

国土は狭く、資源も少なく、したがって農産物、工業生産なども限定的で、隣国の中国などと比べると、歴史のほとんどの期間において格段に貧しいプアな社会であった。江戸時代も、鎖国政策のもとゼロ成長社会であったといわれる。

したがって、受利、そして相互利他によって利益の分配を行うことが、皆が生きていくためには必要だったのである。

こうして、日本では受利を反映する生き方が大いに肯定された。すなわち、思いやり、相互依存(「甘え」)、遠慮、空気を読むこと、そして集団の意向を優先することなどが、大いに肯定されたのである。また逆に、能利を反映する生き方が、極めて否定的に捉えられた。それはすなわち、強欲、無遠慮、出しゃばり、恥知らず、空気が読めないこと、集団の意向に反することなどであった。

また、やはり先のホフステードの調査でも、国民総生産と個人主義度が相関するという結果が出ている。すなわち、プアであるほど個人主義度が低くなる、すなわちその反対の集団主義度が高くなることが示されている。

この相関についてのホフステードの説明は、以下のようである。

貧困であれば、たとえば地域には一台のテレビしかなく、各家が自動車を保有することはできず、家族全員が少ない居室で寝食を共にするしかない。貧困であれば、集団生活を営んでいくしかないのである。つまり「国が貧しいままの状態であるならば、個人主義化する理由は見あたらない」（ホフステード、前掲書）。

既述のように、集団主義は受利に対応する社会的利益分配のシステムであったから、これも貧困つまりプアであるほど受利が適切である、という見解を支持するデータと考えられる。

ただし以上の見解については、ひとつ注釈を要する。

それはあまりにプアな場合である。受利により平等に富が分配されても誰もが生存できないほど貧しい場合である。たとえば、5人の人がいて、生存のためには少なくとも各人が最低毎日パン1個を必要とする場合に、パンが1日に1個しかないというような場合である。このような場合には、受利によって結果平等になるように分配したとしても、1日1／5個では全員が死んでしまうのは明らかである。そのため、生存のためには、この1個のパンの獲得を目指して皆が能利に走らざるをえないだろう。

あまりに貧しい場合は、能利がとられるのではないかと思われる。

(2) オープン／クローズド

次の条件（要因）について述べてみたい。

すなわち、人の出入りが多く、構成員の変化が大きい、オープンな（開かれた）社会ほど、受利は適切ではなく、反対の能利が適切である。

というのも、オープンで社会の構成員が変化してしまう場合、受利社会存続のためには必須の相互利他がうまく実行されないからである。

つまり、利益供与してくれた相手が社会の構成員でなくなることが頻繁にあると、利益返済や相互利他が十分にはできなくなる。それによって受利社会が究極的に目指すところの結果平等が実現しにくくなる。オープンな社会は、個人の利益獲得方法としての受利が適切とはいえない社会だと考えられるのである。

そして、利益獲得方法が原理的には受利と能利しかない以上、受利が適切ではない社会では、その対極の能利が適切になるのではないかと思われる。

たとえば、能利によって格差が生じても、オープンであれば貧しい人はそこで困窮してしまう前に他の地域へ行くことができる。もしその地域がリッチであれば、他の地域からの移民により、新たに富を得て幸せになる人々が出てくるだろう。オープンであれば、能利により不幸になる人の増加を防ぎ、さらに幸せになる人々が増える可能性がある。

たとえば、アメリカは建国当初から移民により形作られてきた国家である。人の出入りの多いオープンな社会であり、それがアメリカの富と活力を産み続けてきたと思われる。そして出入りの多いこの国では、相互利他、そして結果平等は実現しにくかった。その対極というべき能利がより適切で、上に述べたような事情から、心情的にもそれに制限が必要と感じることはなかったであろうと思われる。

また、社会的利益分配のシステムの観点からも、オープンな社会では集団主義が難しいといえる。

既述のように、集団主義とは結果平等を目指す考え方であるが、オープンな社会では構成員が絶えず入れ替わり増減したりするので、結果平等が実現しにくいのである。

そして受利は集団主義に適合する個人の利益獲得方法であるから、オープンな社会では適切ではなく、反対の能利の方が適切と考えられるのである。

一方、人の出入りがなく（少ない）構成員の変化がない（少ない）、クローズドな（閉じられた）社会ほど、受利が適切と思われる。

というのもまず、人の出入りがなく社会の構成員が変わらないとき、受利社会における相互利他が実現でき、結果平等も目指せる可能性がある。

さらに構成員が変わらない社会で、これと対極的な能利を行った場合、能力差などから格差が生じ、それが固定化、拡大化して、早晩安定的な社会が形成、維持できなくなってしまう。心情的にも、構成員が変わらない社会で格差ができ、さらに拡大していくのは、落ち着きが悪いであろう。

結局、利益獲得方法が原理的には受利と能利しかない以上、このように能利が適切ではない社会では、その対極の受利が適切になるのではないかと思われる。

たとえば日本は、極東の島国で周囲を海で囲まれてもともと他国との出入りは少なく、さらに江戸時代には250年余にわたる鎖国を行うなど、極めてクローズドな社会であった。そのため、相互利他が可能で、より安定的な結果平等を目指す受利が適用されてきたものと思われる（身分制度による固定的で拡大しない格差はあったが）。

これを、社会的利益分配のシステムからも述べると、クローズドな社会では集団主義が可能かつ適切ということになる。

すなわち、クローズドな社会ではオープンな社会と違って、集団主義の目指す結果平等が可能である。一方、個人主義では格差が必然であるから、クローズドな社会では構成員が同じゆえに各人の能力差等を反映した格差が固定、拡大する一方となり、社会として不安定で適切とはいえないだろう。

そして集団主義に適合的な個人の利益獲得方法は受利であるから、クローズドな社会では受利が適切と考えられるのである。

(3) 混成社会／均質社会

もうひとつの条件に、混成社会か均質社会かがある。

異なる人種や民族からなる混成社会であるほど、受利は適切ではなく、その対極の能利がより適切な利益獲得方法になると思われる。

というのも、受利では、能利からできるだけ遠ざかるために、非言語的コミュニケーションによって必要としている利益を供与し合う必要がある。つまり相手が何も言わなくとも、何に困っているか、何を欲しているのかを察知し、その必要としている利益を供与する、というかたちで相互利他を行う必要がある。しかし、異なる人種や民族間などでは、文化、習慣、価値観、宗教などが異なってしまう。したがって、混成的な構成員の間では、このような非言語的コミュニケーションを用いての相互利他はうまくできないのである。

また、人種や民族が違えば異なる言語を話すから、言語的コミュニケーションを介したとしても、やはり相互理解が難しい。すなわち、異質な構成員からなる混成社会では、受利社会で必須となる相互利他が容易ではなく、したがって受利は適切ではないのである。

実際、人種、民族そして文化、習慣、価値観、宗教などが異なる混成的な構成員の間では、少なくとも明確な言語的コミュニケーションなしには理解は進まず、また明確なルール、法、理念の下になくては、混乱や摩擦のない利益獲得行動はできない。このような点からも混成社会における利益獲得の方法として能利が適切であることが推定されるのである。

さらに、能利は他者の利益を相互に奪い合う可能性を基本的に持っており、心情的にも、混成的な構成員相手であれば、能利を行いやすいということがあるだろう。

たとえば、アメリカは建国の初めから多人種、多民族の移民により形成されてきた、世界でも最も混成的な社会のひとつである。そういう社会では、明確な言語的コミュニケーションを介しての能利がより適切であったと推定される。

また、社会的な利益分配システムの観点からも、混成社会ではお互いに異なる未知な部分が多いゆえに、誰もが個人の利益を他者のそれに優先させないという集団主義がしにくく、対極の個人主義がより適切となるだろう。

一方、人種、民族が単一的で均質的な社会ほど、受利が適切と考えられる。

すなわち、人種、民族が単一に近い場合ほど、混成社会の場合とは逆に、相互理解のために言葉を用いる必要性は減り、非言語的コミュニケーションを用いうる領域が増える。また利益獲得行動の調整に、厳格な法、ルール、理念を要する程度も減るだろう。このような状況に能利は適切ではない。心情的にも、均質的な構成員相手に、相互に利益を奪い合う可能性を持つ能利は行いにくいという面があるだろう。結局、このような状況では、非言語的コミュニケーションを介して相互利他を目指すところの受利が、より適切となる。

たとえば、日本は島国であり、他人種、他民族の侵入あるいは他地域への進出の歴史も少なかった。主に日本民族からなる、より均質な社会といえよう。

そういう社会では、思いやり、以心伝心、腹芸、空気を読む、などの非言語的コミュニケーションが極限にまで発達し、それにより相互の利益供与が行われる、受利が最も適切な社会であったと思われる。

また、社会的な利益分配システムの観点からも、均質であるほど集団主義がしやすく、逆に個人の利益を集団のそれに優先させる、という個人主義が行いにくい傾向が生ずるものと考えられる。

(4) 最も基本的な条件としてのリッチ／プア

さて、以上、受利か能利を決めるであろうと思われる主な三つの条件（要因）について述べてきた。しかし、これらの条件は必ずしも独立的ではないと思われる。

たとえば、リッチな社会には、多くの人が富を求めてこれに参入することを望むであろう。したがってその社会は、外に開かれたオープンな社会となり、外から多種多様な人が入ってきて混成社会となる可能性が高くなる。

つまり、リッチ - オープン - 混成の三条件は、互いに関連性があると思われる。

さらに、上記はリッチからオープン‐混成を導いたが、たとえばオープンであれば混成社会となり、これによりリッチになる可能性が生まれる、すなわちオープンから混成、リッチを導きうる、と考えることもできるだろう。すなわち、三条件は循環的といえると思われる。

逆に、プアな社会であれば、外からあえてそこに参入しようとする人は少ないだろう。また、その社会に所属している人々も、わずかしかない利益配分がさらに減ることになる外部からの参入は望まないので、自ずとその社会はクローズドな社会となるだろう。さらには、外部の人が入らないことから、時間経過とともにその構成員も均質化して、遺伝的そして文化的にも均質な社会となるだろう。

つまり、やはりプア‐クローズド‐均質の三条件も、互いに関連性があるものと思われる。

さらに、上記は、プアからクローズド‐均質を導いたが、たとえば、クローズドであれば均質な社会となり、非多様性からリッチとなる可能性を失ってプアとなる。すなわち、クローズドから均質、プアが導かれると考えることもできるだろう。すなわち、やはり三条件は循環的といえると思われる。

以上のように、能利あるいは受利を決めるであろう三条件（要因）は、お互いに関連性があり、循環的であると思われる。

ただし、能利‐受利はそもそも利益獲得の方法であるから、社会の利益獲得（蓄積）状況を表すリッチ／プアこそが、これに最も基本的な条件である、と考えられる。実際、上記で述べた説明からも推測されるように、リッチ／プアから、最も容易に他の二条件を導くことができるように思われる。

2 過去、現在、そしてこれからの日本

(1) 過去から現在までの日本

日本は、大陸から海に隔てられた極東の島国であり、隣国・中国などの大陸に比べても、土地、資源、産業、人的資源ともに限定的で貧しい。しかも江戸時代には250年余の長きにわたり鎖国を行い、海外との交流をほぼ絶ってきた。伝統的日本文化が確立された時代であったが、ほぼゼロ成長社会で経過したといわれる。

そうした地誌的、歴史的経緯もあって、日本は圧倒的割合を日本民族が占める単一民族的国家となり、受利を成立させるプア - クローズド - 均質という三条件が、世界でも稀なほどに良く満たされた社会だったと思われる。

これが、この国において、思いやる、以心伝心、腹芸、空気を読むなど、極限まで非言語的コミュニケーションが発達し、「甘え」が大人の世界でも認められるという、世界でも稀な受利社

会であり続けてきた所以である。

しかし、その日本も明治維新前後の開国からは、西洋の政治・社会制度や人材が導入され、富国強兵が目指されるなど、三条件がリッチ‐オープン‐混成の方向へシフトし始めたように思われる。

このようにして、財閥などによる巨大な資本の蓄積や、精神面でも、たとえば夏目漱石が近代的個人主義のあり方について悩んだ（『私の個人主義』）ように、日本社会の各領域において能利への移行傾向が見られ始めたように思われる。

そしてその後も、日露戦争、第一次世界大戦参戦などに伴う日本の海外進出や、同時期に生じた大正デモクラシーに見るように、一時的にはさらに能利方向への進展も見られた。

しかし、こうした三条件の変化も、従来からの堅固な受利社会を大きく変えるには至らなかったように思われる。

すなわち、その後の世界不況の影響、特に農村部の疲弊、軍部による中国進出の長期化などと相俟って、むしろプア化が進み、軍部主導で全体主義‐集団主義的傾向、つまり集団の利益を優先する受利傾向へと回帰したように思われる。

そしてこの受利傾向は、第二次世界大戦期の「贅沢は敵だ」「欲しがりません、勝つまでは」などのあからさまな能利抑制のスローガン、隣組による相互利他、さらには特攻隊として命までも国に捧げるあり方に見るように、その極限まで推し進められた。それは結局、第二次世界大戦の終結まで続いたと思われる。

しかし、第二次世界大戦終結後は、アメリカ的な民主主義的政治制度や自由主義的経済制度の導入、世界平和国家化などにより、再び大きく三条件がリッチ - オープン - 混成の方向へシフトし始め、やがて、高度経済成長期を経て、世界有数の経済大国となっていった。

そして、こうした能利が適合する方向への条件変化に応じ、土居氏が『「甘え」の構造』を著した1970年代には、受利に伴う「甘え」が明らかに批判的に捉えられるようになってきたものと思われる。

しかし、先のホフステードのデータ（1987年GDPデータ）によると、世界全体的に国民総生産と個人主義度が相関を示す中、日本だけが大きくその相関を外れ、リッチな先進国の中では特異的に集団主義的方向へシフトしている（『多文化世界』）。

これは以上に述べたような、受利 - 集団主義を適合的としてきた長年の地誌的、歴史的経緯のもとで、急激に日本がリッチ化した影響ではないかと思われる。ホフステードによる「国民総生産と個人主義度が相関する」という理論が正しいなら、経済的なリッチ化に日本社会の個人主義化がまだ追いついていないのである。これは逆にいうと、日本社会はまだまだ個人主義 - 能利への「伸びしろ」がある状態ということだ。

事実、戦後、そして高度経済成長期からバブル経済崩壊前の時代までは、受利部分の大きい年功序列、定期昇給、終身雇用が、ほとんどの上場企業で一般的であった。

政界では戦後長きにわたった自民党政治に見るように、政治理念や主義に拠らない派閥によって政策の多くが左右されてきた。そして総理・総裁や各国務大臣も、政治理念の優位によってその地位を勝ち獲る、というのではなかった。すなわち、周囲（派閥）に推されて就任する（受利）、あるいは当選回数等により順送り（相互利他）で就任するというように、受利に沿うかたちで決められることが多かったように思われる。

経済界においても、官公庁による許認可制度や産業保護政策のもとで、外国資本・企業や外国製品・産物の参入規制が行われるなど、自由競争は抑制されていた。また談合が関係団体・企業間の利害調整（相互利他）のために、当然のように行われるなど、能利を抑制した、受利部分の大きい経済制度・商習慣が依然として維持されていたのである。

しかし、1985年のプラザ合意以後急激に、円はドルに対しそれまでの数倍の円高となり、これに伴って日本の保有する富もそれまでの数倍となった。GDPも世界第2位の経済大国になるなど、日本はさらにリッチ化を進めたのだった。

こうしたリッチ化を基盤にして、その後のバブル経済期の過剰な株式や不動産投資における拝金主義に見るように、能利がより肯定的に認められるようになっていったと思われる。

たとえば当時は、主婦やOLなどの一般女性も、株・不動産投資でキャピタルゲイン（資産価格高騰による利益）を得る「財テク」に邁進し、多くの独身女性が「三高（高学歴、高収入、高身長）」を結婚相手の条件に求めるなど、日本における長年の能利に対する抑制的評価が影を潜めつつある状況だった。

そして１９９０年のバブル経済崩壊に続く「失われた20年」の間、自民党・橋本内閣そして小泉内閣による構造改革、経済のグローバル化により、能利に沿う方向の諸政策が推進された。すなわち、規制緩和、民営化推進、累進課税率や法人税の引き下げ、成果主義の導入、雇用の流動化、ならびに非正規雇用の拡大などの諸施策である。

ただしこれらは、この間のＧＤＰの伸びがほとんどなかったことからも推定されるように、日本がさらにリッチ化したためではなかった。すなわち、ホフステードの調査に見られた、日本が個人主義 - 能利方向へ残していた「伸びしろ」が、バブル経済崩壊によって生じた日本経済構造の修正という機会を利用して、幾分とも埋められることになったのだろうと推定される。

しかし、特に小泉内閣の施策は、非正規雇用の拡大やアメリカに並ぶほどの格差拡大を産むに至り（橘木俊詔『格差社会』）、多くの日本人にとって急激かつ行き過ぎであったようだ。

たとえば既述したように、当初多くの企業がこぞって導入した、能利 - 個人主義に対応する成果主義は、２０１０年代の現在、多くがいわば日本型の「変種成果主義」に修正されている（アエラ 2005. 6. 15）。成果主義の導入から約10年、従業員が疲弊し逆に業績を落としたことなどから、日本の企業では、能利にそのまま相応するかたちの成果主義は、修正せざるを得なくなってきているのである。

また、小泉内閣による非正規雇用拡大、累進課税率軽減、各種規制緩和などの施策は、「一億総中流」といわれてきた日本にアメリカ並みの格差と貧困率を生じ（橘木俊詔、前掲書）、「勝ち組、負け組」という言葉を生み出した。そして、リストラ、派遣切り、中高年男性を中心とする1998年以降の年間3万人以上への自殺者増大など、多くの社会問題を生じ、小泉政治は「日本の国柄を破壊した」と評されたほどだった。

なお、本書の立場からは、日本の国柄とは、相互利他、「甘え」、非言語的コミュニケーションの洗練などを育んだ受利に由来するものであるから、小泉内閣の施策に見る能利への移行が日本の国柄を破壊した、という評は、正鵠を射ているといえる。

さて、その後の2009年の政権交代による民主党政権では、こうした小泉政権下での能利傾向に対する修正の意味合いを持つ施策が、提案あるいは一部施行されている。それは、他者から利益供与される受利部分を増やす、子ども手当、高校までの学費無料化、農家の所得保障、日本郵政民営化見直し案などの諸施策・政策であった。

また、小泉内閣当時、時代の寵児とされ、著書『稼ぐが勝ち』を著し能利の象徴とも思われた堀江貴文氏（IT関連企業ライブドア社元社長）や、投資家で村上ファンド代表であった村上世彰氏が共に2006年に証券取引法違反で、小泉内閣時代に金融庁顧問を務め金融コンサルタント・銀行家であった木村剛氏が2010年に銀行法違反で逮捕され、いずれもその後凋落している。

こうした経済界人に見る盛衰も、民主党政権誕生に前後する受利傾向回帰に相応した変化の影響を受けた側面があるように思われる。

(2) これからの日本

さて次に、これからの日本社会における利益獲得方法がどうなるかについて、それを決めるであろう三条件の推移予想をもとに考えてみたい。

オープン／クローズド

まずオープン／クローズドに関しては、バブル経済崩壊以後の経済不況が長引いているとはいえ、ゆっくりであってもオープンの方向へ進むのではないか。

すなわち、2020年を目途とする外国人留学生30万人受け入れや、ビザなし外国人渡航の拡大、航空行政の自由化（オープン・スカイなど）、自由貿易協定（各国間のFTA、地域でのTPP（環太平洋戦略的経済連携協定）など）による外資の進出、日本企業のグローバル化などは、今後も拡大の余地があると思われ、まだオープン化は進むのではないかと思われる。

混成社会／均質社会

これに伴い、混成社会／均質社会に関しても、混成化がゆっくりであっても進むのではないか。

すなわち、外国人留学生による日本企業への就職増加、外資進出による外国人の日本社会への定着、医療・介護職における外国人受け入れ、難民受け入れ等は、今後も拡大する方向と思われ、混成化が進むのではないかと思われる。

ただし以上の変化は、バブル経済崩壊後の経済成長が（すぐ後で述べるように）ほとんどないことから、それまでのリッチ化により生じていた能利方向への「伸びしろ」を埋める、という意味合いの範囲の話ではないかと思われる。

リッチ／プア

さて、三条件のうちでは最も基本的と思われるリッチ／プアに関しては、今後の日本経済の動向如何である。

すなわち、１９９０年代からの「失われた20年」のうちに、アメリカはＧＤＰが数倍、中国は10数倍へと増大する中で、日本はほとんど増大を見ることがなかった。その結果、経済規模は世界2位から3位へと落ちた（２０１０年）。一人当たりのＧＤＰも、ＯＥＣＤ（経済協力開発機構）加盟30国のうちの上位から20数位に下落した。これらは日本のプア化を意味している。

このように見ていくと、オープン化、混成化の進展は能利傾向をさらに強めるが、より基本的と思われるリッチ／プア条件の動向によっては、受利への回帰傾向が生ずる可能性も考えられる。

たとえば、独立行政法人労働政策・研究機構が1999年以来5回行っている「勤労生活に関する調査」（20歳以上の男女対象）がある。これによると、「年功序列」は一貫して支持率を上げ2007年（5回目調査）には7割以上が肯定、「終身雇用」も9割近くが肯定するなど、日本型雇用慣行への支持率が上昇している。

なかでも若年層である学生や新入社員の少なからぬ人々が、高度成長期までの終身雇用、年功序列を肯定的に捉えている（「公益財団法人日本生産性本部2008年4月全国調査」毎日新聞（山形版）2008. 6. 2）。

これらのデータは、1990年代からの、さらに2008年のリーマン・ショック（アメリカ名門投資銀行リーマン・ブラザーズ破綻を契機に生じた世界的な金融危機）後も続く「失われた20年」不況によるプア化を反映した、受利への回帰傾向を示すもののように思われる。

さらに、2011年3月11日に起きた東日本大震災は、一時的にも日本経済をさらにプア化させたと考えられる。

すなわち、同年3月15日には日経平均株価は終値が8341円と、ブラックマンデー、リーマン・ショックに次ぐ、過去3番目の下落率を示した。大震災の復興費用は10年間で23兆円と見込まれ（2011年7月時点）、そのうち13兆円は歳出削減と増税でまかなうとされている。このため、2009年から続いている欧州ソブリン危機（国家財政破綻によるギリシア国債（ソブリン債）債務不履行、ユーロ圏離脱の可能性から生じている、欧州・ユーロ圏全体の経済危機）と同様に、国債発行額と財政赤字による借金増大も懸念される。

自動車や電機・精密メーカーなどの主力産業も一時はほとんどの国内工場の生産が停止し、石油化学製品の不足からは印刷、出版、容器、ビール産業への供給不足が生じた。農林水産業でも津波により壊滅的な被害を受け、これらのため被災地を中心に推定12万人の震災失業も出た。日銀短観などに見る景気動向調査でも、リーマン・ショックに次ぐ大幅な企業の景況認識の落ち込みを示した。

このような景気の落ち込みを受けて、各方面で消費自粛ムードが広がった。特に高級ブランド品などの高級消費が一時的にせよ著しく抑制された。また、２０１１年度の春の褒章、叙勲を始め、多くの公的行事や各種イベントが中止、縮小または延期された。直接の被災、節電、物資不足などによるものは当然ながら、必ずしも震災により被害を受けていない地域でも、広く自粛が行われたのだった。

そしてその一方では、「絆」が同年の流行語になるほど巷間に流布した。それは、ホテルでの宴会等の自粛とは対照的な結婚式の増加や、ブライダル産業での相談、成約の大幅な増加などとなって表れた。これは震災を受け、一人では生きていけない、いざというとき助け合える信頼のできる人と家族を作りたい、という意識が急速に高まったことの影響だといわれた。

こうした日本全体で生じた消費自粛は、大きな被災を受けた地域に配慮し過度な消費は控えようという動きであり、これは能利を控えようという動きである。また、各種イベントやお祭り等を自粛したのも、大きな被災を受けた地域に配慮して、楽しむことや大きな消費を目指すような活動は控えようという動きである。これも能利を控えようという動きといえよう。さらに「絆」の再評価は、相互利他方向への回帰を意味し、個々人が独立、自立して能利していくという姿勢とは逆の、受利傾向への回帰を意味するものである。

結局、東日本大震災は、莫大な復興費用のための国債発行増大と増税、自動車・電機・精密機械などの主要産業の停滞や、東日本を中心とした農林水産業の壊滅的被害、失業者の大幅な増加などから不景気となり、一時的にも日本経済のデフレ化を引き起こしたものと考えられる。そしてこのデフレ化に応じて、消費自粛、イベント、お祭り自粛などの能利の抑制、そしてこれとは逆方向の「絆」の重視などの受利傾向への回帰が日本社会において生じたものと考えられる。

なお、今後経済状況が改善することによっては、さらにオープン化、混成化、リッチ化して、能利 - 個人主義社会への移行度が進むことも考えられる。

しかしその場合であっても、まずは能利の原初形態である利己主義の過程を経るだろう。つまり、利己主義における社会規範の未形成の状態において、多くの混乱、トラブルを生ずることとなると思われる。そして、これらの混乱、トラブルから、個人主義社会形成の要となる理念性、正義や父性原理の必要性が、社会的にも理解されるようになる。この過程を経て、能利に沿う社会規範も形成され、やがて理念、正義そして法、ルールを重視する個人主義社会への移行を進めていくと思われる。

また、国よりもレベルを下げると、ある領域の業界だけがリッチ化して、その領域では日本社会の平均を超えて、より能利‐個人主義的になるという可能性はある。ＩＴ関連産業などに見るような技術革新、あるいは規制緩和などにより、ある業界だけが利益を「無限」に拡大させて、リッチ化する可能性はある。日本社会全体ではそうリッチ化していなくとも、ある業界だけ能利‐個人主義化が進むという場合は考えられるのである。

第6章　現在そして将来——能利／受利比率をどうするか

1　現在そして将来の生き方

1990年代のバブル経済崩壊以後、構造改革、規制緩和、グローバル化などにより、日本社会は急激な構造変化を生じている。

それは本書の立場からは、大局的には受利から能利への移行傾向と見ることができる。

そして、移行過程にあることを反映して、より受利的な部分とより能利的部分の混在として、それは顕れてきている。

たとえば、官公庁や独立行政法人などの公務員的組織では、今なお終身雇用、年功序列的な職能給が用いられ、成果主義を積極的には導入していない企業などでも、受利的な利益分配が行われている。一方、外資系企業や成果主義や職務給を取り入れている企業などでは、能利的傾向が増大している。

こうした各領域の受利または能利傾向を印象により（現在のところそれ以外ないので）総和平均することにより、日本社会全体としての能利／受利比率と、それを決める三条件（要因）などの推移を勘案した、将来的な推移をイメージできるだろう。現在のところは、そうしたイメージをもとに議論していくしかない。

そして、現在および今後の日本社会の能利／受利比率よりも、受利傾向つまり「相互依存」的姿勢ないし「甘え」が強い人は、社会からは能利 - 「自立」していないことを批判され、不適応の状態に陥るだろう。

逆に、それより能利傾向つまり「自立」度が高過ぎると、まだまだ残存する社会の受利的部分に適応できないことになる。本人は周りで不適切な相互の利益供与が行われていることに憤りを覚えたり、あるいは反対に、周囲から能利、つまり自ら利益を獲得する姿勢が強過ぎる、と批判されてしまうだろう。

たとえば先に引用した、「甘え」（受利）についての評価を尋ねた調査では（山口勧・森尾博昭「甘えの意味と通文化的普遍性に関する実証的研究」）、「まったく甘えない人」はフェアで独立しているとみなされるが、決して好かれないのであった。「ひんぱんに甘える人」もそう好まれず、「ときどき甘える人」が最も好まれるのだった。結局、適度な「甘え」が好まれ、最も適応的と考えられているのである。つまり現時点においては、受利＝「甘え」が強過ぎても、逆に能利＝「自立」性が強過ぎても、評価されないのである。ただしこの結果は、アジア圏の人々には理解されたが、欧米圏では理解されにくかったとのことである。

現実には、能利１００パーセントという社会も、受利１００パーセントという社会もないだろう。それゆえ、現在および今後の社会の能利／受利比率を検討し、それに合わせた利益獲得方法を採ることが、適応的な生き方であろうと思われる。

さらにこれは、各業界ごとに多少異なるだろう。

たとえば外資系企業や、21世紀初頭前後に勃興してきたＩＴ関連企業などの新興産業界はリッチ、オープンといえ、日本社会平均よりは成果主義、職務給、年俸制、雇用の流動化など、能利の比率が進んでいるものと思われる。また逆に、官公庁や独立行政法人とその関連団体などでは、日本社会平均よりは終身雇用、年功序列、職能給など受利の比率が高いものと思われる。したがって、日本社会平均だけでなく、各業界における能利／受利比率に合わせた利益獲得方法をとることも、より適応的な生き方であろうと思われる。

たとえば、２００９年に、対極的ともいうべき人事制度変更を行った日本の二つの企業がある。ひとつはグローバル企業となりつつある野村證券である（アエラ 2009. 6. 1）。

同社は、他の日本の大企業の多くと同様に、１９９０年代に成果主義が導入されていたとはいえ、終身雇用は維持され、欧米金融機関に比較すると給与格差もそれほどではなく、その平均給与は1000万円台前半だった。

しかし2008年のリーマン・ショック後、同社は国際市場進出の足がかりとして、破綻したリーマン・ブラザーズ社の欧州・アジア部門を人材ごと買収したのだった。そしてその給与体系は、買収後も実績（成果）主義で超高給も可能だが終身雇用はないというリーマン・ブラザーズ社時代のままだった。このリーマン型人事制度である「特定社員制度」による平均給与は4000万円台であった。つまり、同じような仕事をしていても、ひとつの会社内に二つの人事制度が生じたのだった。

そのため同社は、人事制度を一つにするため、2009年7月に法人取引・管理部門約3000人の日本人社員に対し、「特定社員制度」に移行する応募者を募った。同じ仕事をしていて数倍の収入差があるのだから、「特定社員制度」に移行したいという社員もいたが、こちらは成果主義で、場合によっては降格、さらに解雇もあり得る。

あくまで希望者を募ったものだったが、会社の意向はリーマン型人事制度への一本化であり、それを拒む者に居場所は無い雰囲気となった。このため結局、8割以上の日本人社員が「特定社員制度」への移行を「希望」することになった。つまり、子会社として吸収合併したはずのリーマン・ブラザーズ社（欧州・アジア部門）の人事制度に、吸収母体であった野村證券の方が変わりつつあるのだ。これは野村證券の「リーマン化」を意味した。

その結果、元リーマン社員と同様に4000万円以上の収入を得る日本人社員が誕生するとともに、早々と降格、そして解雇される日本人社員も少なからず出たのだった。特にバブル世代の中堅社員の解雇が、この待遇移行により目立つようになった。

結局、同社の「リーマン化」は成果主義と非終身雇用化、つまり能利方向への徹底した移行の方に、その主旨はあったように思われた。

そして、今ひとつの企業とは、中国地方の地域企業、広島電鉄である（アエラ 2009. 6. 1）。同社は安定した地域の基幹産業であり、その雇用は年功序列的な定期昇給のある職能給で、終身雇用だった。しかし2001年以降、当時の日本企業全体の能利化の影響も受けて、契約社員制度を導入し、新たな運転士と車掌の採用は契約社員のみとされた。彼らには原則定期昇給がなく、一定賃金のまま各種手当もなく、終身の雇用も保証されていなかった。つまり同じ仕事をしていながら、給与、保障には格差が生まれるようになった。

さらに、契約社員の割合が増えるにつれ、彼らは常により良い条件の転職先を探す必要もあり、仕事そっちのけで転職先を物色する会話が飛び交った。かくして、従来の職場の一体感は崩壊した。

同電鉄労組は契約社員の待遇改善を会社に求めたが、業績悪化を理由に断られた。このままでは組織が崩壊してしまうという危機感を強めた労組は、正社員の給与を下げることにより契約社員を正社員化することを会社に申請し、これは認められることとなった。既得権を手放すことになる正社員側の抵抗感は大きかったが、それによって全社員の待遇を同じにしなければ組織そのものが崩壊する、という労組の主張には従わざるを得なかったのである。この人事制度の一本化以後は、再び広島電鉄には契約社員制度導入以前の和気藹々とした社風が戻ったという。

結局、広島電鉄では、正社員が契約社員に利益（給与、保障）を廻すことで、終身雇用と定期昇給、年功序列賃金制度を守る、受利方向への回帰をなし遂げたものと思われる。

さて、野村證券の方は、リーマン・ブラザーズ社欧州・アジア部門の人材毎買収を契機に、経済発展の著しいアジア地域、そして欧米へと経済活動の場を広げ、本格的に世界の広大な金融市場での利益獲得を目指すことになったのであった。そして2011年の時点で、同社（野村ホールディングス）の収益は1990年代より数倍に伸び、海外部門の収益が買収以前の全体収益の約1割から4割以上を占めるようになっている（日本経済新聞電子版 2012. 3. 6.）。また社員構成の半分近くを外国人社員が占めるようになった。

つまり、日本の金融機関の中では最もグローバル化したといわれる野村證券は、リッチ、オープン、混成の世界企業になりつつあるのであり、ここでは成果主義、非終身雇用の能利が適切といえるだろう。この野村證券においては、受利的な給与体系で平均収入を1000万円台にしておく必要はなく、能利によって億単位の給与所得者が出ても経営上困ることはないのである。それは第5章のたとえでいうなら、誰もができる限り獲ってもよいほどの多くのパンがあるためであり、リッチ化、オープン化のゆえである。また外国人社員が半分近くを占めるという社員構成の混成化ゆえに、受利はもはや適切ではないのである。

一方、広島電鉄は、その経営内容が主に広島県内の路面電車とバスの運行であり売り上げの大きな拡大は見込みにくく、景気の動向によっては収入は減少するばかり、という意味では基本的にプアである。社員のほとんどが日本人、それも広島地方出身者が多くを占め、同地の高校、大学出身者がそのまま就職することになる。

つまりプア、クローズド、均質であり、ここで適切なのは年功序列、定期昇給、終身雇用の受利型の人事制度と思われる。成果主義、そして格差を主ずる能利は適切ではない。限られた収益の中でそれを行うと、均質である社員の間に収入が著しく減るものが出て生活が困難となり、組織の存続自体が脅かされさえするのである。正社員、契約社員間の格差がもたらした同社の危機がその一例であり、全社員の正社員化、給与、待遇の結果平等化が、それに対する対処であったと思われる。第5章のたとえでいうなら、限られた数のパンしかない場合、それを全員で分かち合っていかなければ、その組織の存続は難しいのである。

今後も、限られた地域の企業として、同社が著しくリッチ化、オープン化、そして混成化することはないであろうと思われる。能利は不適切のまま、受利的あり方がふさわしい企業であり続けるのではないか。

結局、同じ日本の企業であっても、リッチ - プア、オープン - クローズド、混成 - 均質の各条件に違いがある。野村證券と広島電鉄の例に見るように、各業界、各企業におけるそれらの条件に適した、能利／受利比率、そしてそれに合わせた利益獲得方法を採用していくことが、より適切であろうと思われる。

さらに、相手によって対応を意識して変える、ということも必要な場合があろうかと思う。たとえば外国人相手では、受利的な相互「依存」的姿勢や「甘え」は理解されにくい。「金銭貸借関係」の下の相互利他、思いやり思いやられること、非言語的コミュニケーションの重視、などの受利的な対応や考え方は理解されないのである。それがあらかじめわかるので、外国人相手の場合は、理念、主義、ルールに則り能動的に利益獲得し合う、非言語的コミュニケーションによらぬようすべてを言葉ではっきり伝える、などの能利的な対応を初めからする必要があるだろう。

2　能利あるいは受利比率を高める生き方

以上のような検討の上で、現在そして今後の日本社会がより能利傾向を強めていくと考えるなら、意識して受利を抑え、より能利に沿う生き方をとるべきだろう。

それは、普段の生活意識としては、「相互依存」的姿勢ないし「甘え」の気持ちは意識して抑え、「自立」、すなわち能利を第一に心掛けるというものである。「自立」を第一の優先的あり方と考え、「甘え」の姿勢は常に、意識的に二義的なものにとどめておくというものである。

実際、日本では長年の受利的社会の伝統もあり、いきなりすべてを欧米流の能動的利益獲得、

「自立」で、というのは難しいだろう。常に「甘え」のない張りつめた状態で、というのでは、精神的に参ってしまう。そこで、適度に「甘え」というたるみがあることで、張りつめた精神の糸が切れてしまうのを防ぐ、という程度が良いかもしれない。普段はまず甘えられるとは期待せずに能利の姿勢を堅持し、しかし甘えられるときは意地を張らず甘える、というような姿勢である。これは、普段のより公的あるいは対外的な場では能利により「自立」し、私的な場では「甘え」で心を休めることもある、といった状態といえるだろうか。

そしてこの能利への移行は、必然的に利己主義による混乱過程を伴うが、次第に社会規範を伴った個人主義に向かうという経過を経る必要があるように思われる。

逆に、日本経済の縮小や不景気の継続、あるいはこの度の東日本大震災の影響などにより、今後の日本社会が再び受利傾向へ回帰すると考えるなら、能利傾向を抑えた、従来的な受利に沿う生き方に回帰すべきだろう。

あるいは、構造改革やグローバル化による能利傾向には定着してしまった部分もあると考えるなら、一定の能利部分の残存は考慮しつつ、従来の受動的利益獲得に回帰させていくという姿勢となる。

それは、普段の生活、あるいは公的ないし対外的な場でも意識としては、受利からの「相互依存」、思いやり、集団主義を基本的なあり方と考え、どうしても必要な領域でだけ能利を行い、個人主義的あり方もとる、といった姿勢であろうか。

こうした不景気における受利傾向への回帰は、「失われた20年」下の現在の学生たちなどが従来的な日本的雇用慣行、終身雇用、年功序列への評価を年々高めているという姿に、既に見て取ることができるかもしれない。

さらに受利は日本社会の根幹であるから、多少変動したとしても結局は受利傾向に回帰していく、という考え方もある。その根拠は、過去数多くの外来文化を受け入れてきた日本の歴史にある。つまり、近年だけを見ても、明治維新、第二次世界大戦後、そして最近のバブル経済崩壊後など、繰り返し日本は欧米文化や社会経済制度を受け入れ、能利＝個人主義を導入してきた。しかし結局は、その時々の能利の急激な浸透に抗するかたちで、受利が根強く残ってきた。それはたとえば戦後の高度～安定経済成長期に至る日本的企業経営であり、直近では成果主義の見直し（「変種成果主義」）や、会社員を辞めさせないために大企業や新興企業が復活させ始めているといわれる「新・家族主義経営」（アエラ 2008. 5. 26）である。これらは、成果だけでなく、成果に表れない能力も実力として評価しつつ、従来の家族主義経営と同じく社員を家族のように扱い大事にしていこう、とするものである。枝葉は変わっても根は変わらず、日本社会の根幹は数千年来の伝統ある受利＝集団主義的なものにある、との考え方のように思われる。

あるいは類似のものとして、受利こそは日本人の精神的な伝統、という考えもある。すなわち、受利的な「相互依存」的姿勢ないし「甘え」によって、お互いに思いやり、助け合い、自分勝手と思われることをしないようにすること、つまり「和」が、やはり日本人にとっては一番心地よく感じるのである。この数千年の長きにわたって培われてきた、日本人の精神的伝統である「甘え」や「和」が、たかだか明治維新以後の百数十年くらいのことで変わることはない、という考えである。

土居健郎氏は、「甘え」の断絶はさまざまな歪んだ感情や精神病理を生むので、日本社会の基盤として「甘え」は基本的に必要だろう、と述べている（『続「甘え」の構造』）。これも、受利、そして「甘え」は日本人の精神的伝統で変わることはない、という考えがその基底にあるように思われる（ただし土居氏は「甘え」は世界普遍的と主張したいので、その論に従えば、たとえばアメリカでも「甘え」の断絶がさまざまな精神病理を生む、と主張することになってしまう。しかし、それは事実に反するのではないか。やはり「甘え」の不可欠性が問題となるのは、主に日本社会だと思われる）。

3 子供をどう育てるか

日本の親の多くはまだ、子供に対して「甘え」は仕方ないものと、ある程度親への依存を奨励する育て方をしている。しかし親自身を含め、現代社会では「自立」が求められていると考え、子供もどうしたら早く「自立」できるのか教え導きたい、という思いもある。

つまり、子供を「甘え」（受利）させて育てたい思いと、「自立」（能利）させるよう育てたいという思いの二面性が、現代の日本の親にはある。

これは、受利的あり方（集団主義〜終身雇用、年功序列など）と能利的あり方（個人主義〜成果主義、雇用の流動化など）が混在した、現代日本社会の中途半端な状態をそのまま反映したものと思われる。この中途半端な日本社会に適応して生きていけるよう子育てをしていくのであるから、子育てに悩むのも当然のことだろう。

さて、母親による子育てにおける能利／受利比率と、現代そして将来の日本社会における能利／受利比率が著しく異なると、その子供は成人していく過程で大いに戸惑いを覚えることになる。

つまり、過度に受利（相互「依存」的姿勢ないし「甘え」）比率大に育てられた人は、成人して社会がより能利（「自立」）を求めていることに戸惑いを覚えるだろう。そして、社会ではどこまで甘えてよいかわからないまま、定職に就けない、あるいは引きこもり状態になるなどの社会的不適応状態に陥るかもしれない。さらには、「自立」を教えてこなかったと、親に復讐するような場合も生ずるだろう。

逆に、幼少から自立、自立とせき立てられ、過度に受利比率小に育てられた人も、成人してまだまだ日本社会に残存する受利的部分に適応できない、という事態に陥る可能性がある。すなわち、個人の能力や成果を正しく反映していない職能給などの、本人にとっては不適切と思われる相互利益供与が依然として行われていることへ憤りを覚えたりする可能性である。あるいは逆に、現実社会にはまだまだ「甘え」を許容する領域が存在していることを知り、自分が成育期にできなかった「甘え」を、大人になってから不自然なまでに求めてしまう、などの社会不適応状態である。

結局、意識して、現代そして将来の日本社会の能利／受利比率を見定め、それに適合する能利／受利比率で子供を育てていく必要がある。

ちなみに臨床の場では、不登校や引きこもり家庭などにおいてしばしば、「子供をどのくらいまで甘やかし、どのくらいまで厳しくすれば良いのかがわからない」という親の声を聞く。ここには、本書で述べたような能利／受利比率の観点を持てないまま、どう育てていいのかわからないでいる親の姿があるように思われる。

第7章　能利・受利という視点を持とう

1　自由度の獲得

(1)　マチュピチュの洪水事件

われわれが生きる上での基本的な行動原理は、それがあまりに当たり前で、いつしか自覚できなくなっていることがしばしばある。

本書で述べてきた視点は、そうした基本的な行動原理のひとつを明らかにするものでもある。そして、それを自覚することによって、場合によってはそれとは違う行動がとれる自由度が得られるという利点がある。

たとえば、２０１０年初頭に南米ペルーの世界遺産・マチュピチュで大洪水があり、世界各国からの観光客が多数閉じ込められた。この災害に巻き込まれた日本人夫婦の体験が、あるＴＶ番組で紹介されていた（２０１０年4月放送）。

ペルー政府は迫り来る堤防決壊の危険の中、観光客らをヘリコプターで救出することにしたが、その前段階として、まず60歳以上の高齢者を列車内に待機させることにした。

そしてその中には、60代初頭の日本人夫婦がいた。しかし、他国の観光客らは彼らを押しのけて順番待ちの先頭に陣取ったり、60歳以上とはかけ離れた若者グループも紛れ込んだりしていた。彼らは「同伴の女性の具合が悪い（これは体調不良を装った演技だった）から自分たちを優先して救出させろ」とペルー軍兵士に要求し、それが通ったりしていたのだった。

日本人夫婦は行儀良く待ったのだが、列車内に待機して4日たっても順番が来ない。遂には一日の食料がビスケット一枚とチョコレート一枚となり、いつ堤防が決壊してもおかしくない状況となった。生命の危険が迫る中でも、彼ら日本人夫婦はただひたすら順番を待っていたのだが、やはり他国の人たちは我先に彼らの前へと割り込んだり、ごり押ししたりして先に脱出していったのだった。

「もう限界」というとき、やっと彼らがヘリに乗り込む順番が近づいて来たのだが、正に次、というところで日没ストップとされてしまった。そのため、「やっとこれで助かる」と期待していた妻の方は、もはや体力、気力の限界に達してその場に倒れてしまった。しかし、以前から彼らのことを気にかけていた一人のペルー軍兵士がいて、「彼らは限界だからヘリに乗せろ」と進言し、救出されたのだった。

並ぶ列に割り込んだり、体調を偽ってでも早期に救助されようとするなど、自ら能動的に利益獲得すること（早期救助）に躊躇がない人も少なくない中で、この日本人夫婦は能利に動くことなく、順番を大人しく待ち、できるだけ受利に沿って行動した。それによって命を失うかもしれないのにである。

もちろん、我先に逃れた外国の観光客にも、順番・マナーを守らなければならないという意識はあったと思われる。しかし西欧人のマナー、ルール遵守は能利のための手段であり、マナー、ルールの遵守自体が目的ではない。彼らは場合によってはマナー、ルールを破り、能利を実現することに躊躇はないのである。事実、順番を守らず先に脱出していったのは、ほとんどが西欧からの観光客であった。

つまり、この日本人夫婦が生命に関わる場面でさえも能利的行動ができなかったのは、自らの行動の基本原理が受利的であり、この状況下では適切ではないこととの自覚がなかったことが大きかったのではないかと思われる。

現地は主に諸外国の観光客とペルー軍兵士、住人らにより構成された混成的状況だったのだから、能利が適応的だった可能性が考えられる。受利が期待できないこの状況下では、日本人であっても能利を行ってよいのである。

もし受利的行動を導くメカニズムを知っていたなら、状況の検討によっては受利的行動以外の選択も可能となったのではないかと思われる。自らの命を救う方が大事だと考えて、諸外国の観光客のように前へと割り込んだり、あるいは体調不良を訴えるなどしてできるだけ早期の救助を目指したのではないだろうか。

このケースは、二人の様子を見ていたペルー軍兵士の利益供与（救助）を受けて、つまり受利によって救命されたのだが、特に外国の地では、いつもいつもこういうことがあるとは限らない。もし兵士の進言がなく日没ストップされた後で堤防が決壊していたなら、受利的行動から自由になれなかったことによって、二人とも遺体となって日本へ帰ってきたかもしれなかったのである。そして体調不良と偽って列に入り込んだ若者たちや、彼らの前へ次々と割り込んだ外国人だけが、救命されていたかもしれないのである。

以上は極端な例であるかもしれないが、自らの基本的な行動原理を自覚しておくことが、自らの命を救うことになるかもしれないのである。行動原理を知ることによって、それから自由になる可能性を持てるのであるから。

（2）グローバル化の中の日本人

このような極端な場合でなくとも、自らの基本的な行動原理を自覚して、状況によってはこれから離れることもできる自由度を得ておくことは、日本人の活動が国際化する中、ますます重要になってくるのではないだろうか。

たとえば、より能利的に人々が生きている欧米の地では、何事も言葉で明確に自分の意思を伝えることが必要となる。日本人同士の場合のように、受利に沿って言葉で言わずとも察してくれる、配慮には配慮で応えてくれるなどとは期待できない、とあらかじめわかるだろう。

また、「甘え」が通じないとわかる欧米人に対しては、自覚的に自らの「甘え」を止めて、初めから能利に打って出ることもできる。こうした割り切りは、国際社会で欧米人と競争して利益獲得していく場合に役に立つだろう。

このように自らの基本的な行動原理さえ知っていれば、1950年代にアメリカ留学したときに土居健郎氏が経験したようなカルチャーショックもなかったと思われる。つまり、遠慮して「お腹はすいていない」と言ったがために欲しかったデザートが食べられず、アメリカ人は何と相手のことを配慮できないのか、と嘆く必要もなかったのである。親切に対し「すみません（I'm sorry）」と応えてしまい、なぜ謝るのか？とアメリカ人上司にいぶかしがられることもなかったのである（『「甘え」の構造』）。

つまりは、状況（条件）を検討した上で、自らの欲望や理想に向かって他人を押しのけてでも達成して良い状況であるなら、能利を行えば良いのである。また、以心伝心のように他者との一体感の中で「相互依存」しながら生きていくのが適切な状況ならば、受利を行えば良いのである。

特に、伝統的に受利を体得している日本人は、そうではない欧米人等とは違って、能利と受利のどちらも選択できる自由度を持ち得る点で、有利ではないかと思われる。というのも、グローバル化の進展や地球全体の環境保護の観点などからは、ある意味で世界が全体として富の限界に行き当たり、プア化しつつあると考えられるからである。さらには、情報伝達・交通手段の発達により世界がひとつとなってクローズド化し、世界全体の交流の増加によってある意味均質化するなど、世界全体で日本の受利的生き方が適合的となる側面が生まれてくるかもしれないからである。

いずれにせよ、能利／受利という視点を持つことの意義は、これを自覚しないまま能利（個人主義）あるいは受利（集団主義）に生きるというのではなく、両者を検討した上で、メタレベルでの自由度のある選択を成し得る点にあると思われる。

2　各場面で選択する行動原理

能利か受利かというのは、各場面での個人の利益の獲得方法であるから、前節のマチュピチュの例に見るように、その場面でどう選択するか、というときに直接に用いることのできる概念と思われる。

つまり、自分が欲する利益を自ら能動的に獲得するのが適切か（能利）、あるいはより他者から与えられるかたちで受動的に獲得するのが適切か（受利）、を問えば良いのである。

そのどちらが適切であるのかは、その状況における三条件の度合いを判断（推定）してみると良い。たとえば、各領域、各場面についてリッチ度、オープン度、混成度を推定し、どの程度能利できるか、あるいは受利が適切であるのかを判断するのである。

マチュピチュの例であれば、混成度が高く、それだけでも受利は不適切（実現されない）と推定されるので、能利的にふるまうことを考慮する、などである。

また、日々過ごす中で、自らの「甘え」‐受利程度を認識しておくことも良いだろう。状況、領域に応じて、そこでの受利の適切な度合いを考え、場合により「甘え」過ぎないように注意できるからである。

さらに前章までの議論からわかるように、能利か受利かは、人の物事の考え方の基本であり、これによってさまざまな価値観、人間観などが導かれる。

すなわち、能利‐受利によって、言語的あるいは非言語的コミュニケーションのいずれを重視するかが決まる。また、自主独立（「自立」）あるいは「相互依存」（「甘え」）の重視か、機会平等（自由競争と格差の肯定）あるいは結果平等の重視かが決まる。そして、人間性悪観あるいは人間性善観か、父性原理あるいは母性原理か、さらには罪意識あるいは恥意識で自らを律するか、などが決まる。

したがって、能利か受利かという視点から、お互いのさまざまな主義主張の違いの拠って来たるところを理解することができる。そうすることで意見調整を行い、問題を解決できる可能性を探ることができる場合があるかもしれないのである。

結局、能利あるいは受利は、各場面ですぐに各個人が自覚できると同時に、広汎な社会現象、価値観、主義主張の違いなどを理解するのにも極めて有用ではないかと思われる。本書で能利、受利という概念を提案した所以である。

3　社会動向の見方

明治維新後の一世紀余だけでも、日本社会は大きく変化してきた。

それは大きくは、集団主義から個人主義への移行であり、個人の利益獲得方法の観点からは、受利から能利への移行傾向である。

その大きな節目は、19世紀後半の明治維新後の西洋化、20世紀半ばの第二次世界大戦終結後の民主化、そして21世紀を跨ぐバブル経済崩壊後の構造改革、グローバル化と思われる。

20世紀の後半からは特に、受利に伴う心性ないし姿勢である「甘え」の評判は悪い。

しかし受利そして「甘え」は、有史以来日本人に馴染んできた長く伝統あるあり方であるから、これをまったく無くしてよいものかはわからない。また、受利は日本的諸特性といわれてきたものを総合的に説明できる。このような受利や「甘え」は何時の時代にあっても日本人に欠かせないものなのか、あるいは時代の変化にあわせて手放していくべきものなのか、これは問題である。特に第二次世界大戦終結後から世紀を跨ぐバブル経済崩壊後まで、個人主義が無防備にどんどん導入され、乳幼児期における「自然で健康」な「甘え」までも否定され混乱しているのが現状、という見方もある（土居健郎『続「甘え」の構造』）。上の議論と表裏することだが、この能利そして個人主義というものが、日本社会にどの程度まで浸透して良いものかも、改めて基本的に検討を要する問題である。

このような検討にあたって、受利とその対極の能利の比率は、現代社会の位置や変化を「測量」するための有用な指標を与える。さらにこれと三条件などとの関係を調べると、上記のような問題の解答へ近づくことができるのではないかと思われる。

4　予想される本書への批判

(1) 一元論の利点と問題点

一元論とは、多種・多様な現象を一次元から見ることで統一的な理解を得ようとするものである。広汎で複雑な諸現象へのわかりやすい理解が得られる。

たとえば、「甘え」から日本社会の多くの側面を捉えた土居健郎氏の「甘え」理論や、単一社会性という観点から日本社会を論じた中根千枝氏の「タテ社会」論（中根千枝『タテ社会の人間関係』）などである。

そして、能利／受利という対極的な二つの利益獲得方法から日本社会におけるさまざまな事象を説明しようとした本書も、そのひとつに加わる。

しかし当然、一元論では十分説明できないのでは、と思われる領域もある。たとえば、われわれの生活に大きな影響を及ぼしつつあるインターネットや携帯電話などの情報ツールによる生活への影響を、「甘え」理論や「タテ社会」論で十分扱うことができるだろうか？

結局、こうした一元論はすべての事象を説明できるものではなく、それによってどれだけ多くの現象を説明できるか、によって評価されるものである。本書もそのように評価されるべきものと考える。

(2) 証明の問題

自然科学領域での言説とは異なり、社会現象や人間関係などの人文科学領域での言説を科学的に証明することはしばしば困難である。それは自然科学で用いる客観的に測定できる4次元(3次元の空間+時間)へと、これらの現象を還元することが難しいからである。

しかし「証明」にもレベルがある。

すなわち、まず数学などにおける論理的証明が最も厳密なものであろう。物理、化学などの科学的実験による4次元時空間に現象を還元する証明が、それに次いで厳密なものである。

そして、その下には社会学あるいは心理学領域などでの、測定尺度を用いての統計学的証明がある。

さらにその下には、専門家あるいは一般読者が大体一致して正しいと評価する、歴史的検証に耐えている、というレベルの「証明」がある。

そして本書は、とりあえずはこの読者諸氏そして専門家諸氏らの納得が得られる言説であるか、のレベルの「証明」を目指すものである。そして歴史的に本説が残っていくか、の検証が、それに続いているといえるだろう。

さらなるレベルの「証明」は、これらをクリアーしてからと思われる。本書は、この意味で、まだ今後の検証にまつところの大きい仮説に近いものといえる。

特に、本書で提示した能利／受利を決めるであろう三条件については、今後の検証をまつ仮説提示の性格が強い。これについては、たとえば三条件を反映する測定尺度を作成して、能利／受利、あるいは個人主義／集団主義指標比率などとの相関を統計学的に検討していくなどの方途が考えられる。今後の課題である。

(3) 社会主義、共産主義の除外

富の高再分配や結果平等を目指す社会主義、共産主義社会などは、能利を抑制し、受利側面を増強したという意味では受利社会といえるかもしれない。

しかし社会主義、共産主義社会では、本書で述べてきた、受利に伴う各種心性の多くは見られないだろう。つまり、「金銭貸借関係」、「すみません」という挨拶、遠慮、思いやり、非言語的コミュニケーションの発達、「恥の文化」そして「甘え」などは見られないのではないか。

というのも、これらは利益獲得が「他者の自由意志により与えられる」という要素によって生

ずる諸特性であるからである。つまりこの条件の下で、受利による利益獲得、そして相互利他のためには他者の意志を慮る必要があるために、これらの諸特性が生まれてきたのである。そして他者が「自由意志により与える」ということの基盤は、利益を私有し（私有財産制）それを自由に獲得ないし供与できることにある。これが満たされない社会主義、共産主義社会では、本書で述べた受利に伴う諸心性は見られないのである。

すなわち、社会主義、共産主義社会では理念、主義、法制度として富の再分配を行うので、「他者の自由意志により与えられる」かどうかを考える必要がない。法制度などにより富の再分配が行われるので、利益獲得のために他者の意志を慮る必要がなく、本書で述べた受利に伴う諸心性はほとんど生ずる必要がないのである。

たとえば、ソビエト連邦などのかつての社会主義国家は、「甘え」や遠慮、思いやり、非言語的コミュニケーションの発達などとは最も遠い国々であったのではないか。

本書における議論は、私有財産制を認めない社会主義、共産主義体制の国については、議論の対象からは除外していることを最後に付言しておきたい。

おわりに

1995年1月17日に起きた阪神淡路大震災は、6000人以上が死亡し5万人以上が被災した大災害だった。しかし、略奪や強盗などはほとんど起きず、列を作って辛抱強く支援物資支給を待つ人々の姿が、欧米メディアによって不思議なこととして報道された（これは本文中で紹介した、マチュピチュの洪水における日本人夫婦の行動とまったく同じものである）。このような大災害時になぜ略奪や強奪が起きないのか、なぜこのように秩序が守られるのか、と。

さらにその16年後の2011年3月11日、東日本大震災が起きた。

これは、世界最大級のマグニチュード9・0の大地震と、遡上高40メートル以上に及ぶ大津波が、東北地方を中心とする東日本の太平洋沿岸部一帯を襲ったものだった。死者・行方不明者あわせて約2万人、被災者は約40万人以上に及び、大地震、大津波に加え福島第一原子力発電所事故による国際原子力事故評価尺度の最高度・レベル7（旧ソ連・チェルノブイリ原子力発電所事故と同レベル）の放射能汚染が重なった、阪神淡路大震災もはるかに超える大災害だった。

しかしこの度も、目立った略奪や強盗、いわんや暴動などもなく、秩序を重んじ、相互扶助し合って大災害に対処する日本国民の姿が、再び驚嘆をもって多くの海外メディアに取り上げられた。特にこの度は、繰り返し「なぜ日本では略奪が起きないのか?」と報じられたのが特徴的でもある。(注)

数ある避難所でも目立ったトラブルはなく、「帰宅難民」の発生した東京でも、タクシー待ちの行列は何時間も乱れることがなかった。これらの現象を主に東北人特有の忍耐強さととる見方もあったが、先の阪神淡路大震災における関西人の行動とほとんど同様であることから、これはやはり日本人全体に共通した特性の現れと見てよいのではないかと思われる。

一方、阪神淡路大震災と同時期に起きた１９９４年のアメリカロサンゼルス大地震では(１９９２年の白人警察官による黒人容疑者暴行事件を契機としたロサンゼルス暴動よりは抑制されたもの)略奪が生じ、２００５年に起きたニューオリンズ・ハリケーン「カトリーナ」災害では白昼でさえ略奪、強盗が横行する無法状態となり、自衛のために住民が拳銃を用いざるをえない状況になる場合もあったのだった。そして、２００７年のメキシコ大洪水、さらに２０１０年ハイチ大地震などでも、数多くの略奪、強盗が横行した。

なぜこのような違いが生ずるのだろうか?

違いが生ずる原因としては、治安状況、経済状況、人種構成、情報などさまざまな要因があると思われる。しかし、外国メディアが不思議、奇跡と報道するほどの日本における秩序維持、相互扶助、略奪の少なさなどをもたらしたものは、やはりまだまだ日本人の基底にある受利(受動的利益獲得）的姿勢なのではないだろうか。

大災害時でも大々的な略奪が生じないのは国民性の違い、つまり、日本人にはどこか「恥を知る」というところがある、「困ったときはお互い様」の感覚がある、といったことなのではないか。この恥意識、「困ったときはお互い様」という相互利他、そして誰もが略奪や強盗というあからさまな能利（能動的利益獲得）をしないことは、正に受利の性質を顕している。

これに対し、人間行動の本質に能利があるとき、他者はお互いに利益を競争的に獲得し合う、奪い合う存在に見える。ここにおいては、利益があれば誰もがそれを奪いに走る、さらにそうしなければ、必要な、あるいは既に確保した自らの利益でさえ誰かに奪われてしまいかねないことは、火を見るよりも明らかである。法や権力が稀薄となる大災害時などには、略奪、強盗というかたちで、こうした能利の本態がむき出しのかたちで現れてくるのではないかと思われる。

それはかの地では、能利を可能とし、それがより適切とされる条件がもともとあったためと思われる。アメリカであれば、リッチ、オープン、混成社会のすべてであろう。メキシコ、ハイチならば、植民地であった歴史からの、欧州人と多数の現地民族からなる混成、オープンの条件が受利を困難に、そして能利を適応的なものとしたのではないか。あるいは、第5章で述べたように、被災によりあまりに貧しくなったために、受利では生存できないと、能利へ走ったのかもしれない。

こうした条件下では、法、権力が減弱化する大災害時において、理念の伴わない、生なかたちでの能利、すなわち利己主義的行動として略奪、強盗が横行するのではないかと思われる。

日本人の受利は、島国でさらに長年の鎖国（クローズド）、単一民族性（均質）、経済的貧困（プア）などの三条件が、極めて稀に重なったことにより形成されたものである。そのために、それがなかなか実現されることのない諸外国には、不思議で奇跡としか思われない秩序維持、相互利他などが、大災害時においても出現したのではないかと思われる。

しかし、受利と能利という二つの利益獲得方式を決める諸条件は、現在大きく変化してきている。いつまでも日本人が受利で行動していくものかも、はっきりしない。

そして、受利から能利へ移行するとき、すぐには能利社会における理念や正義は確立されないので、まずはそれらを伴わない利己主義となって顕れてくるものと思われる。その徴候は既に、近年の非理念的な事件の数々や日常生活におけるストレスの増大として、われわれの前に現れてきているのではないか。

一般的には、能利、受利それぞれに利点があり、どちらが優れている、ということはいえない。その時々、状況における、それらを可能にする諸条件の位置や変化を見ながら、判断していくべきものと思われる。

最後に本書の結論として、この最も基本的な個人の利益獲得方式である能動的利益獲得／受動的利益獲得の観点は、内外の多様な社会現象や人々の心性、価値観などの理解を助け、今後のわれわれの進むべき途を検討する上で有用となるだろう、と申し述べておきたいと思う。

本書の内容は、電気通信大学情報通信学部上級科目「日常生活の対人関係」での議論によるところが少なくない。討論に参加してくれた２００１年度からの受講学生諸氏には改めて感謝したいと思う。

また本書が成るにあたっては、終始新曜社代表取締役、塩浦暲氏の大変な尽力があった。この場を借りて心より御礼申し上げたいと思う。

1651）
ホフステード，G／岩井紀子・岩井八郎訳　1995『多文化世界――違いを学び共存への道を探る』有斐閣
堀江貴文　2004『稼ぐが勝ち――ゼロから100億、ボクのやり方』光文社
毎日新聞（山形版）2008. 6. 2「公益財団法人日本生産性本部2008年4月全国調査」
宮台真司　1994『制服少女たちの選択』講談社
宮台真司　1997『世紀末の作法――終ワリナキ日常ヲ生キル知恵』メディアファクトリー
宮本政於　1993『お役所の掟』講談社
森真一　2005『日本はなぜ諍いの多い国になったのか――「マナー神経症」の時代』中公新書ラクレ
安永浩　1980「境界例と社会病理」岩井寛・福島章編『現代臨床社会病理学』岩崎学術出版社
山口勧・森尾博昭　2007「「甘え」の意味と通文化的普遍性に関する実証的研究」文科省科学研究費　基礎研究（C）研究課題番号18530479.

注

West, Ed　2011, March 14th. Why is there no looting in Japan? Telegraph Blogs.
Picht, Jim　2011, March 14th. Where are the Japanese looters? Washington Times Communities.
Easterly, William　2011, March 15th. Why no looting in Japan? Aid Watch.
BBC News Magazine,　2011, March 18th. Why is there no looting in Japan after the earthquake?

文化のなかの人格障害』中山書店
佐伯啓思　1993『「欲望」と資本主義 ── 終りなき拡張の論理』講談社現代新書
作田啓一　1967『恥の文化再考』筑摩書房
作田啓一　1981『個人主義の運命 ── 近代小説と社会学』岩波新書
芝伸太郎　1999『日本人という鬱病』人文書院
新宮一成・加藤敏編　2003『新世紀の精神科治療第5巻　現代医療文化のなかの人格障害』中山書店
千石保・デビッツ，ロイズ　1992『日本の若者・アメリカの若者 ── 高校生の意識と行動』日本放送出版協会
高木哲也　1996『謝らないアメリカ人すぐ謝る日本人 ── 生活からビジネスまで、日米を比較する』草思社
高田尚・戸口里見　2005「わが国の寄付文化の隆盛に向けて」三井トラスト・ホールディングス調査報告
橘木俊詔　2006『格差社会 ── 何が問題なのか』岩波新書
恒吉僚子　1992『人間形成の日米比較 ── かくれたカリキュラム』中公新書
土居健郎　1971『「甘え」の構造』弘文堂
土居健郎　2001『続「甘え」の構造』弘文堂
トリアンディス，Ｈ．Ｃ．／神山貴弥・藤原武弘編訳　2002『個人主義と集団主義 ── 2つのレンズを通して読み解く文化』北大路書房
直塚玲子　1980『欧米人が沈黙するとき ── 異文化間のコミュニケーション』大修館書店
中根千枝　1967『タテ社会の人間関係 ── 単一社会の理論』講談社現代新書
夏目漱石　1914「私の個人主義」学習院輔仁会講演（講談社学術文庫 1978 ほか）
能登路雅子　1990『ディズニーランドという聖地』岩波新書
Herbert, George　1874 *Outlandish Proverbs*. London: J. C. Hotten.
濱口惠俊　1996『日本型信頼社会の復権 ── グローバル化する間人主義』東洋経済新報社
Balint, M.　1965 *Primary Love and Psychoanalytic Technique*. New York: Liveright Publishing Co.
ベネディクト，ルース／長谷川松治訳　1946『菊と刀 ── 日本文化の型』社会思想研究会出版部（講談社学術文庫 2005，原著 1946）
ホッブズ，トマス／水田洋訳　1992『リヴァイアサン』岩波文庫（白）（原著

文献と注

アエラ　2004. 4. 26「『自己責任』噴出のココロ」
アエラ　2005. 6. 15「変種成果主義に負けない」
アエラ　2008. 5. 26「会社は家族 ── 私と仕事の新しい関係」
アエラ　2009. 6. 1「広島電鉄で始まった『賃金シェア』──『ご機嫌年収』をつかむ」
アエラ　2009. 6. 1「野村證券『リーマン化』の本当の目的 ──『給料』の異常事態」
アエラ　2011. 4. 18
アエラ　2011. 5. 23
阿部謹也　1995『「世間」とは何か』講談社現代新書
阿部謹也　2006『近代化と世間 ── 私が見たヨーロッパと日本』朝日新書
阿部謹也編著　2002『世間学への招待』青弓社
アメリカ精神医学会／高橋三郎・大野裕・染矢俊幸訳　2004『ＤＳＭ‐Ⅳ‐ＴＲ 精神障害の診断・統計マニュアル 第4版』新訂版，医学書院
五木寛之　1993『生きるヒント ── 自分の人生を愛するための12章』文化出版局（角川文庫 1994）
今井康夫　1990『アメリカ人と日本人 ── 教科書が語る「強い個人」と「やさしい一員」』創流出版
イルゴイエンヌ，マリー＝フランス／高野優訳　1999『モラル・ハラスメント ── 人を傷つけずにはいられない』紀伊国屋書店
大平健　1995『やさしさの精神病理』岩波新書
小田晋　2000「文化と精神障害」『精神科治療学』15, 1217-1228.
影山任佐　2000「現代日本の犯罪と現代社会 ──『自己確認型』犯罪」『精神科治療学』15, 1257-126.
片田珠美　2009『無差別殺人の精神分析』新潮選書
加藤恭子　1985『こんなアメリカを知っていますか』中公文庫
河合隼雄　1976『母性社会日本の病理』中央公論社
金吉晴　2003「人格障害に対する文化論的検討」新宮一成・加藤敏編『現代医療

著者紹介

田中健滋（たなか　けんじ）
1953年、北海道生まれ。東京大学理学部そして郷里の旭川医科大学を卒業。現在、電気通信大学保健管理センター長・教授。キャンパスにて精神疾患予防などのメンタルヘルス向上に力を注いでいる。医学博士、専門は精神病理学。第5回読売論壇新人賞入賞。
著書に『統合的分裂病病態論――精神病理学と生物学的精神医学の統合的理解』（創造出版）、『分裂病の精神病理と治療6――分裂病症状をめぐって』（共著、星和書店）、『健康論』（共著、道和書院）などがある。

新曜社
日本人の利益獲得方法

初版第1刷発行　2012年11月15日

著　者　田中健滋
発行者　塩浦　暲
発行所　株式会社 新曜社
101-0051　東京都千代田区神田神保町2-10
電話(03)3264-4973(代)・FAX(03)3239-2958
e-mail：info@shin-yo-sha.co.jp
URL：http://www.shin-yo-sha.co.jp/
印刷所　エーヴィスシステムズ
製本所　イマヰ製本所

ISBN978-4-7885-1310-5　C1036